AtV

Klaus Städtke, 1934 in Berlin geboren. Studium der Slawistik an der Humboldt-Universität zu Berlin, danach Sprachlehrer, Übersetzer und Dolmetscher. Mehrjährige Studien in Moskau und Leningrad. Ab 1972 Mitarbeiter am Zentralinstitut für Literaturgeschichte der Akademie der Wissenschaften in Berlin (DDR). Verläßt 1988 die DDR und wird 1989 als Professor an die Bremer Universität berufen, wo er bis 1999 Kulturgeschichte Osteuropas lehrt. 1994–2000 Leiter einer Arbeitsgruppe am Zentrum für Literaturforschung in Berlin, 1993–1996 Mitherausgeber der Sozialzeitschrift »Leviathan«. Lebt in Fischerhude bei Bremen.

Publikationen: *Studien zum russischen Realismus des 19. Jahrhunderts*, Berlin 1973; *Ästhetisches Denken in Rußland*, Berlin 1978; Herausgeber und Mitautor von *Dichterbild und Epochenwandel in der russischen Literatur des 20. Jahrhunderts*, Bochum 1996; *Welt hinter dem Spiegel. Zum Status des Autors in der russischen Literatur der 1920–1950er Jahre*, Berlin 1998; *Russische Literaturgeschichte*, Stuttgart–Weimar 2002.

Aus Dostojewskis 30bändigem Werk ragt »Schuld und Sühne« hervor, die Geschichte des Petersburger Studenten Raskolnikow, der aus verworrenen Motiven eine alte Wucherin erschlägt und danach in Einsamkeit und Gewissensnot versinkt. Die effektvoll inszenierten Romane des russischen Autors loten aus, wozu der Mensch fähig ist in einer Umgebung, die ihn anonymen Zwängen aussetzt und ihn seinen Trieben und Psychosen überläßt. In Klaus Städtkes Nacherzählungen taucht eine Welt voller phantastischer Begebenheiten, Skandale und schockierender Peinlichkeiten auf, in die der Leser unmerklich hineingezogen wird.

Klaus Städtke

Dostojewski für Eilige

Aufbau Taschenbuch Verlag

ISBN 3-7466-2028-7

1. Auflage 2004

Einbandgestaltung Preuße & Hülpüsch Grafik Design
unter Verwendung eines Fotos von www.schein-berlin.de
Druck GGP Media, Pößneck
Printed in Germany

www.aufbau-taschenbuch.de

Fjodor Michailowitsch Dostojewski
um 1860
akg-images

Inhalt

Anhang

Schillernde Romanwelt

Wer ihn gelesen hat, erinnert sich zumeist an graue, schäbige Mietshäuser mit schmutzigen Treppenaufgängen, langen dunklen Fluren und armseligen Wohnungen. Petersburger Stadtlandschaften des 19. Jahrhunderts – die Kulisse für das Schicksal armer Leute, ihre unerfüllbaren Träume und traurigen Liebesgeschichten. Doch die Topographie und die Inhalte seiner Romane sind damit keineswegs erfaßt. Ein Blick auf das Gesamtwerk zeigt, daß die Orte der Handlung weit voneinander entfernt liegen: ein sibirisches Gefängnis, europäische Spielkasinos, die Villen und Sommerhäuser der Petersburger Oberschicht, russische Provinzstädte, Klöster und abgelegene Gutsdörfer. Die Personen der Handlung sind Strafgefangene, exzentrische Aristokraten und zwielichtige Kaufleute, arme Beamte und windige Advokaten, fromme Geistliche und kauzige Ärzte. Wie man sieht, das überaus farbige Kaleidoskop einer unerschöpflichen Autorenphantasie.

Wer sich näher mit Dostojewski beschäftigen möchte, braucht, so heißt es, psychologisches Gespür und einen Sinn fürs Philosophische. Also doch Literatur für eine Bildungselite? Durchaus nicht. Seine Romane, an deren Verkauf er als Berufsschriftsteller dringend interessiert war, sollten möglichst viele Leser erreichen. Seine Kriminalsujets, Skandalszenen und verwickelten Liebesaffären, die Schauereffekte und der mitunter groteske Humor dienen immer auch der Unterhaltung. Dostojewski möchte fesseln, schockieren und beunruhigen. Ein fürs breite Publikum gedachtes Buch, welchen Inhalts auch immer, muß spannend geschrieben sein, so argumentiert er gegen jede aufklärerische Didaktik oder theoretische Abstraktion in der Literatur. In der Kindheit ein Fan der Schauerromane Ann

Radcliffes, empfiehlt er als bereits renommierter Autor seinen Lesern Edgar Allen Poe und die abenteuerlichen Memoiren Casanovas. Zeitgenossen berichten, er habe die Romane von Alexandre Dumas, darunter *Die drei Musketiere* und *Der Graf von Monte Christo*, geradezu verschlungen.

Wer sich vornimmt, ihn zu lesen, muß auf Überraschungen gefaßt sein, muß konzentriert bleiben, um zum tieferen Sinn seiner Werke vorzudringen. Also ist er schwer lesbar? Wie man's nimmt. Seine Schreibweise unterscheidet sich allerdings deutlich von der Stilistik anderer Romanschriftsteller des 19. Jahrhunderts: Es wird wenig erzählt, es gibt keine Naturbilder, keine historischen Exkurse, keine breiten Milieuschilderungen. Die Handlung wird eher theatralisch inszeniert, in Figurenrede übersetzt. Es geht weniger um das Ereignis als um die emotionale Betroffenheit, die das, was geschieht, bei seinen Helden auslöst. Dostojewski fühlt sich nach eigener Aussage als ein dem jeweiligen Sprecher »alles nachschreibender Stenograph«. Die Schreibweise folgt den Stimmen der Figuren.

Die Handlung wird von einem häufig ausufernden Stimmengewirr begleitet, in dem sie variantenreich gespiegelt, in Zweifel gezogen, verdrängt oder auch gänzlich zerredet wird. In der Wechselrede der ständig debattierenden Figuren vor einer zumeist nur spärlich, aber eindrucksvoll skizzierten Kulisse scheint nichts endgültig greifbar, bleibt alles im Fluß, und ständig geschieht Unvorhergesehenes, das aufgeregt kommentiert wird. Worauf will der Autor dieser schillernden Romanwelt hinaus?

Dostojewskis wechselvolle Biographie ist auf engste mit einer dramatischen Übergangsepoche der russischen Gesellschaft verknüpft, in der ganze Bevölkerungsschichten im Elend versinken, durch häufig zweifelhafte Geldgeschäfte neue Eliten entstehen und eine rebellische Jugend im politischen Terrorismus den Aufstand probt. In seiner schriftstellerischen Phantasie bietet Rußland das Bild einer gottverlassenen und unberechenbar gewordenen Welt, in der sich alle Wertvorstellungen und Moralmaßstäbe auflösen und der einzelne haltlos dahintreibt, seinen Trieben und Leidenschaften ausgeliefert und zugleich ständig bedroht von sozialem Abstieg, von der physischen Gewalt des Stärkeren und der Manipulation der politisch Herrschenden. Orakelhaft sagt er in seinem Werk die psychologischen Folgeschäden des Industriezeitalters und die Totalitarismen des 20. Jahrhunderts voraus. Dagegen setzt er die utopische Vorstellung von einer »Wiederaufrichtung des verlorenen Menschen« in einer Zukunft christlicher Brüderlichkeit, die von Rußland und vom russischen Volk ausgehen soll. Zur Überwindung egoistischer Vereinzelung braucht es, so meint er, die Kommunikation, das Gespräch mit dem anderen. Daher in seinen Romanen die häufigen Beichtszenen, die langen Dialoge, das mitunter unübersichtlich scheinende Stimmengewirr: »Wir werden uns an die Wahrheit heranschwindeln«, sagt jemand während einer solchen Unterhaltung in *Schuld und Sühne*.

Seine mitunter chaotisch erscheinende Romanwelt, vor allem aber seine christliche und nationalistisch verbrämte Utopie haben Dostojewski in seiner russischen Heimat zu einem der umstrittensten Autoren werden lassen: In Sowjetrußland bis in die 1960er Jahre als Antisozialist weitgehend verdrängt, von der Opposition als Prophet des Stalinismus und des GULAG gerühmt, in postsowjetischer Zeit von rechtsradikalen Parteien als Idol gefeiert, hat ihn inzwischen auch die Postmoderne entdeckt. In einem Theaterstück von Wladimir Sorokin wird Dostojewski als Droge gehandelt. Am Ende sind der Dealer und der Chemiker ratlos: »Wir können jetzt mit Sicherheit davon ausgehen, daß Dostojewski tödlich wirkt. – Und was tun? – Verdünnen. – Womit? – Na, versuchen wir's mal mit Steven King. Dann sehen wir weiter.«

Kann man das komplexe und, wie man sieht, bis heute überaus vieldeutige Werk des russischen Romanciers dem eiligen Leser anbieten? Nach meiner Ansicht am ehesten mit einer Nacherzählung jener spannenden Geschichten, die in den voluminösen Romanen szenisch entfaltet werden, sich dabei verzweigen und zuweilen aufzulösen drohen. Vielleicht gelingt es mir, in der gewählten Form der Textverkürzung dem Leser die Faszination des Dostojewskischen Werkes nahezubringen, daß er Lust bekommt, die authentische Langfassung der Romane zu lesen. Die für das vorliegende Buch von mir benutzten Übersetzungen ins Deutsche werden – mit ständigem Seitenblick aufs Original – zum Teil nur als Rohmaterial benutzt.

Arme Leute

Der Kanzleischreiber Makar Dewuschkin verfaßt lange und hingebungsvolle Briefe an seine Freundin Warwara, deren Antworten wesentlich kürzer und im Ton eher nüchtern und zurückhaltend ausfallen. Zur Zeit ihrer zwischen Frühjahr und Herbst datierten Korrespondenz leben beide in Petersburg an der Armutsgrenze und befinden sich zudem in einer Übergangssituation: Er steht an der Schwelle des Alters, sie zwischen Jugend und reifem Erwachsensein. Man kennt sich schon lange, trifft sich auch gelegentlich, schüttet aber vor allem in den Briefen einander das Herz aus. Nicht Liebe und Leidenschaft bilden den Inhalt dieses Briefromans. Was die beiden bewegt, sind Lebens- und Zukunftsängste.

Dewuschkin ist gerade in Warwaras Nähe gezogen und kann aus einem Fenster zu ihrer Wohnung hinüberschauen. Blumen und Konfekt hat er seiner Angebeteten geschickt, und er vermutet, daß die zur Seite geschobene Gardine ein Liebeszeichen für ihn gewesen ist! So präsentiert er sich eingangs im Stil eines romantischen Liebhabers. Als Warwara ihn daraufhin ordentlich zurechtweist, entschuldigt er sich und zieht sich ein wenig gekränkt auf die Position eines »entfernten Verwandten« mit »väterlicher Zuneigung« zurück. In seiner nun getrübten Stimmung erinnert er sich plötzlich an das idyllische Leben in seiner alten Wohnung, bedauert den Umzug und beklagt zudem seine mangelhafte Fähigkeit, vernünftige Briefe zu schreiben. Dann beschreibt er sein neues Domizil in einem Mietshaus, die Hauswirtin und ihre Bediensteten sowie die Mitbewohner, »arme Leute« zumeist, die, wie die Familie des stellungslosen Beamten Gorschkow, von Leid und Unrecht verfolgt werden. Traurige Bilder aus einem Petersburger Armenviertel, die den Hintergrund für eine psychologisch diffizile Zweierbeziehung abgeben.

Dewuschkin versucht, durch seine Briefe, allerlei Geschenke und kleine Gefälligkeiten Warwara an sich zu binden. Seiner *Warinka*, dem *Täubchen, Herzchen, Mütterchen* möchte er die Rolle als väterlicher Freund und Beschützer möglichst gefühlvoll vermitteln. Er stellt sich als herzensguter Mensch und gewissenhafter Beamter dar. Seit dreißig Jahren ist er im Amt. Ergraut auf der untersten Stufe der Rangordnung, fürchtet er die Welt: seine Wirtin, der er kaum die Miete bezahlen kann, und im Dienst die Kollegen, die, wie er meint, ihn verachten. Seine ständigen Klagen über die Ungerechtigkeit der Welt und sein geradezu lustvoll vorgetragenes Selbstmitleid setzen ganz auf das Mitgefühl der Adressatin. Die Briefe Warwaras hingegen zeigen eine heranreifende, in ihren Stimmungen schwankende, mitunter krankhaft überreizte und in ihren Lebensansprüchen unausgefüllte junge Frau. Wie sie einander kennengelernt haben, kann der Leser nur ahnen.

Aus einem »alten Heft«, einer Art Tagebuch, das sie dem Freund zuschickt, erfahren wir einen Teil ihrer bisherigen Lebensgeschichte: Als ihr Vater seine Stellung als Gutsverwalter verloren hatte und die Familie vom Lande in die Hauptstadt zog, war sie noch ein Kind. In Petersburg erlebte sie wenig später den vollständigen Ruin und den Tod des Vaters. Die mittellose und ihren Gläubigern schutzlos ausgelieferte Familie fand Unterschlupf im Hause von Anna Fjodorowna, einer weitläufigen und zugleich undurchsichtigen Verwandten, die sich offenbar als Kupplerin ihr Geld verdient. In ihrem Haus lernt Warwara später einen jungen Studenten kennen, der ihr Unterricht erteilt. Sie verlieben sich ineinander. Vor allem die Literatur (Warwara schenkt dem jungen Mann zum Geburtstag eine Puschkin-Ausgabe) hat die beiden zusammengeführt. Doch der Freund erkrankt und stirbt. Eindrucksvoll beschreibt Warwara die Szene des nach der Totenmesse davonfahrenden Leichenwagens, dem der verzweifelte Vater weinend und wie von Sinnen folgt. An dieser Stelle bricht das Tagebuch ab.

Die Bitte Dewuschkins, ihm die Fortsetzung des Tagebuches zu schicken, lehnt Warwara ab: Sie fürchtet sich vor den nach dem Tod ihrer Mutter vor einem Jahr noch frischen Erinnerungen. Spätere Andeutungen Warwaras lassen vermuten, daß Anna Fjodorowna sie mit dem Gutsbesitzer Bykow bekannt gemacht und dieser sie verführt hat: »Aber Sie wissen das ja alles.« Hier wird eine dunkle Episode ihres Lebens ausgespart, in der sich Dewuschkin, so kann man ahnen, ihrer angenommen hat. Dunkel bleiben auch ihre Andeutungen über das seltsame Interesse Bykows an der Mutter des Studenten. Sie sei sehr schön gewesen, aber leider früh gestorben.

Vor Warwara rühmt sich Dewuschkin seiner tadellosen Handschrift (»jeder Buchstabe wie gestochen«), die ihn vor den anderen Abschreibern im Amt auszeichnet. Um ihr zu imponieren, schreibt er von seinen literarischen Neigungen und von seinem heimlichen Wunsch, selbst Schriftsteller zu werden. Er zitiert Passagen aus Büchern, die ihm sein Wohnungsnachbar, ein angeblich erfolgreicher Literat, empfohlen hat. Warwara erkennt darin nur primitiven Schund und schickt ihm statt dessen Erzählungen von Alexander Puschkin. Dewuschkin ist begeistert. Er identifiziert sich mit Puschkins Postmeister, träumt sich nur zu gern in die romantische Rolle des armen, aber edlen Vaters hinein und vergleicht dessen Sorge um seine Tochter Dunja, die er schließlich an einen durchreisenden Offizier verliert, mit der eigenen »väterlichen« Beziehung zu seiner Brieffreundin.

Als ihm Warwara Gogols Novelle »Der Mantel« zukommen läßt, ist er empört: Das sei eine Schmähschrift gegen ihn, den armen Beamten, und seinesgleichen! Er fühle sich vom Autor voyeuristisch belauscht und dem öffentlichen Spott preisgegeben. Gogols Beschreibung eines elenden, nahezu idiotischen Schreiberdaseins führt ihm allzu deutlich vor Augen, was er in seinem eigenen Leben möglichst zu verdrängen sucht. Ohnehin mißtrauisch gegen jedermann, vermutet er jetzt, daß sein Nachbar, der Literat, vielleicht eine Satire auf ihn schreiben werde. Vorübergehend vergißt er seinen Traum von einer Schriftstellerkarriere und verurteilt plötzlich alles Gedruckte in Bausch und Bogen: Dient nicht jede Literatur letztlich nur der Entlarvung des Menschen und der Aufdeckung seiner Schwächen? Selbst die

Werke Shakespeares sind »nichts als barer Unsinn« und »nur um der bösen Witzelei willen verfaßt«!

Der Briefwechsel gewinnt an Spannung, als Warwara ihrem Freund mitteilt, daß sie, um ihre Zukunft zu sichern, demnächst eine Stelle als Gouvernante bei einer Gutsbesitzerfamilie annehmen wird. Dewuschkin aber möchte die Trennung um jeden Preis verhindern und den idyllischen Zustand ihrer Beziehung mit Spaziergängen, Briefen und Gesprächen über Literatur beibehalten. In seiner krankhaften Angst vor dem realen Leben warnt er sie eindringlich vor »fremden Menschen« und lobpreist die bestehende Idylle: »Bei uns haben Sie es wenigstens warm und gut, wie in einem Nestchen haben Sie sich hier eingelebt.« Hinter seinen guten Ratschlägen steckt jedoch eigenes Interesse (»Was werde ich dann ohne Sie anfangen?«), wobei er sich sogar zu erpresserischen Äußerungen hinreißen läßt: »Ich würde in die Newa gehen, und damit wäre die Geschichte erledigt.«

Die Idylle zerfällt ohnehin: Warwara erfährt, daß er ihretwegen Schulden macht und daß er sogar betrunken von der Straße aufgelesen wurde. Ihre freundschaftliche Beziehung sei dadurch ins Gerede gekommen! Dewuschkin fühlt sich in seiner Rolle als väterlicher Freund und Beschützer demaskiert. Seine ohnehin geringe Selbstachtung ist dahin. Erfüllt von hemmungslosem Selbstmitleid, schreibt er Entschuldigungsbriefe und versucht vergeblich, sich zu rechtfertigen, vor der Freundin und auch vor sich selber.

Warwara hat inzwischen eigene Sorgen. Um den von Anna Fjodorowna immer häufiger geschickten Heiratskandidaten zu entkommen, möchte sie die Wohnung wechseln. Dazu braucht sie Geld. Vergeblich versucht Dewuschkin, Geld zu leihen oder zusätzliche Schreibarbeit gegen Bezahlung zu übernehmen, ist aber trotzdem froh, daß der Umzug Warwaras aus Geldmangel erst einmal nicht zustande kommt. Um ihr weiterhin zu gefallen, bleibt ihm nur, Briefe zu schreiben und auf ihren Rat seinen Stil zu verbessern. Ständig berichtet er von Erniedrigungen, die er von den Mitbewohnern oder den Beamten in der Kanzlei ertragen muß. Ein Spaziergang bei düsterem, feuchtem Herbstwetter ist ihm Anlaß, rührselig die Szenerie des Petersburger Straßenlebens zu schildern und besonders das Schicksal bettelnder Straßenkinder auszumalen. Nachträglich gesteht er seiner Freundin, daß er seine Briefe auch als literarische Stilprobe verfaßt habe. Täuschen wir uns also nicht, die häufig ermüdenden sentimentalen Klischees sozialen Mitleids stammen aus der Feder des vom Romanautor erfundenen Helden, der seiner Freundin als angehender Schriftsteller imponieren möchte!

Eines Tages ereignet sich in der Kanzlei ein Eklat. Wegen eines Abschreibfehlers wird er zum Vorgesetzten gerufen. Als ihm seine Exzellenz voller Zorn das Vergehen vorhält, löst sich ein Knopf von Dewuschkins Uniformjacke und rollt seiner Exzellenz vor die Füße. Dem peinlichen Vorfall der Bloßstellung (»Das ganze Ansehen war, der Mensch in mir vernichtet«) folgt die Aufrichtung des Gedemütigten: Die Umstehenden berichten dem Bürovorsteher, daß sich der zweifellos sehr arme Beamte bisher untadelig verhalten habe. Seine Exzellenz zeigt sich gerührt, reicht seinem Untergebenen, »dem Geringsten unter den Geringen«, sogar die Hand und schenkt ihm hundert Rubel. Eine Schlüsselszene des Romans, in der die lustvolle Schilderung von Erniedrigung und Selbsterniedrigung vor allem den Briefschreiber charakterisiert. Für Dewuschkin scheinen nunmehr alle Probleme gelöst: »Wie werden einander wieder selige Briefe schrieben, uns mit Literatur beschäftigen.« Die traurige Zeit scheint endgültig vorbei.

Nach diesem die Handlung verzögernden Moment folgt die endgültige Katastrophe. Warwara teilt ihm überraschend mit, daß Bykow um ihre Hand angehalten habe. Kommentarlos fügt sie hinzu: »Ja: ich werde ihn heiraten, ich muß seinen Antrag annehmen.« Nur er allein könne sie von ihrer Schande erlösen, ihr die Ehre wiedergeben und sie »in Zukunft vor Armut, Entbehrungen und Unglück bewahren«. Nach der Hochzeit werde man sich auf Bykows Gut zurückziehen. Auch wenn sie sich besorgt zeigt, wie ihr Freund allein weiterleben werde, trägt sie ihm ohne Bedenken allerlei Besorgungen und Einkäufe für die Hochzeit auf, die er gewissenhaft erledigt.

Dewuschkin ist verzweifelt und stellt nur noch die eine Frage: »Wie werden wir denn künftig einander Briefe schreiben?« Für ihn ist das Schreiben längst zu einer unentbehrlichen Beschäftigung geworden, einer Art Lebensersatz. »Ich werde doch schreiben, und auch Sie müssen mir schreiben ... Fängt doch gerade jetzt mein Stil an, besser zu werden!« Warwara aber weiß, daß mit der grundsätzlichen Veränderung ihres Lebens die freundschaftliche Korrespondenz wie auch die gemeinsame Beschäftigung mit Literatur aufhören werden. Der lebensuntüchtige Schwärmer und arme Kanzleischreiber Dewuschkin hat seine Freundin längst an das reale Leben, an die »stattliche Erscheinung« und offenbar erotische Ausstrahlung Bykows verloren. Die papierne Idylle hat sich in Nichts aufgelöst. Am Schluß wehrt sich Dewuschkin verzweifelt gegen die notwendige Einsicht: »Ich schreibe nur, um zu schreiben, immer noch mehr zu schreiben, mein Täubchen, mein Liebling, mein Mütterchen, Sie!«

Der Doppelgänger

Als der Petersburger Titularrat Jakow Petrowitsch Goljadkin am Morgen in den Spiegel schaut, ist er erleichtert: Er sieht sein vertrautes Allerweltsgesicht, das sich, Gott sei Dank, über Nacht nicht verändert hat. Nachdem er genüßlich sein Geld – immerhin 750 Rubel – gezählt hat, macht er sorgfältig Toilette, ruft seinen Diener Petruschka, für den er eine Livree ausgeliehen hat, und fährt mit ihm in einer hellblauen Mietequipage zum Newski-Prospekt.

An einer Straßenkreuzung blicken ihm zwei Kollegen aus der Kanzlei verwundert nach, zeigen mit dem Finger auf ihn und rufen seinen Namen. Wenig später fährt in einem offenen Wagen auch noch der Abteilungschef Andrej Filippowitsch an ihm vorüber und scheint ebenfalls erstaunt über die Begegnung. Goljadkin fühlt sich unbehaglich in dieser für seine niedere soziale Stellung etwas übertriebenen, vielleicht sogar anmaßenden Aufmachung und gibt sich nicht zu erkennen: »Ich ... ich bin eben einfach gar nicht ich, ganz einfach, ich bin ein ganz anderer!« Unsicher, was diese spontane Selbstverleugnung bedeuten könnte, besucht er seinen Arzt, Dr. Krestjan Rutenspitz. Der verwunderte Doktor fragt ihn zunächst vergeblich nach dem Grund seines unverhofften Besuchs. Goljadkin antwortet etwas verworren und beginnt sich zu rechtfertigen: er sei »nur ein kleiner Mensch«, »kein Ränkeschmied«, tue »nichts heimlich und hinterrücks«, trage »keine Maske« und sei »im Schönreden kein Meister«. Plötzlich aber bricht er in Tränen aus und gesteht: »Ich habe Feinde, die sich verschworen haben, mich zugrunde zu richten!« Vor Tagen habe er bei Olsufi Iwanowitsch einigen Gästen die Meinung gesagt, worauf man über ihn das Gerücht verbreitete, er habe einer Köchin die Heirat versprochen und seine

Zusage nicht gehalten. Als Dr. Rutenspitz Näheres darüber erfahren möchte, weicht Goljadkin aus und verläßt hastig die Praxis.

Spätestens nach diesem Gespräch zwischen dem Arzt und seinem Patienten ahnt der Leser, daß mit dem Romanhelden etwas nicht stimmt. Am Morgen der besorgte Blick in den Spiegel, unterwegs die Idee der Selbstverleugnung und schließlich das verworrene Bekenntnis bei Dr. Rutenspitz verraten ein Bewußtsein, das die Wahrnehmungen der Außenwelt mit den offenbar von unklaren Ängsten und Schuldgefühlen erzeugten Bildern der inneren Vorstellung nicht mehr koordinieren kann.

Den weiteren Vormittag verbringt Goljadkin mit Besorgungen, bestellt teuren Schmuck, Stoffe und diverse Modeartikel, verspricht anzuzahlen und abzuholen, hat aber schließlich nur Kleinigkeiten im Wert von einem Rubel und fünfundfünfzig Kopeken gekauft. Als er in einem Restaurant zu Mittag ißt, trifft er wieder die beiden Kollegen, denen er schon am Morgen begegnet war. Vor ihren Fragen nach seiner stutzerhaften Aufmachung weicht er mit vagen Andeutungen aus. Nach dem Essen befiehlt er Petruschka, zur Ismailow-Brücke zu fahren, zum Haus seines ehemaligen Gönners Olsufi Iwanowitsch, der zum Geburtstag seiner Tochter Klara ein Fest gibt, zu dem viele Gäste geladen sind. Dort versucht er, »mehr tot als lebendig«, sich Zutritt zu verschaffen, wird aber von der Dienerschaft abgewiesen und schließlich gezwungen, das Haus zu verlassen.

Der Erzähler bedauert, das glanzvolle Ereignis der Geburtstagsfeier nicht gebührend würdigen zu können – »Oh, wäre ich doch ein Dichter … dann, meine verehrten Leser! Dann würde ich Ihnen in leuchtenden Farben mit kühnem Pinsel diesen ganzen hochfeierlichen Tag zu schildern versuchen« –, und wendet sich wieder seinem Helden zu. Goljadkin hat inzwischen einen zweiten Versuch unternommen, doch noch auf das Fest zu gelangen. In einem dunklen Winkel des Hauses wartet er auf eine Möglichkeit, sich unauffällig unter die Gäste zu mischen. »Nicht aus eigener Kraft, sondern gleichsam einer fremden folgend«, befindet er sich plötzlich im Ballsaal und steht unverhofft vor

Klara. Zwar möchte er augenblicklich in den Boden versinken und sich »noch in dieser Nacht erschießen«, bringt aber doch eine Gratulation zustande. Dann erstarrt er plötzlich. Das beredte Schweigen der Anwesenden und die wütenden Blicke ringsum erklären ihm seine Lage: Man will ihn loswerden. Er aber, »als wisse er selbst nicht, was er tat«, führt Klara zum Tanz, kommt dabei ins Stolpern. Man drängt ihn gewaltsam zum Ausgang, und mit letzter Kraft stürzt er aus dem Haus. Der Versuch, seine verletzte Ehre – man erinnere sich an die verworrenen Andeutungen bei Dr. Rutenspitz – am selben Ort und um jeden Preis wiederherzustellen und, wenn möglich, die Gunst Klaras zu gewinnen, ist gescheitert. Er hat alles auf eine Karte gesetzt und verloren. Nach dem Rausschmiß fühlt er sich »erschlagen und tot«. Das Wetter, eine Petersburger Novembernacht, ist grauenvoll. Auf dem Heimweg macht Goljadkin den Eindruck, als wolle er vor sich selbst davonlaufen. Am liebsten hätte er sich »auf der Stelle vernichtet, in Staub und Nichts verwandelt«.

Der Widerspruch zwischen seinem skandalösen Verhalten auf dem Fest und dem nachfolgenden Gefühl, ins Nichts versinken zu müssen, erhellt den Hintergrund der zu vermutenden seelischen Störung. Goljadkin fürchtet nichts so sehr wie eine Entlassung aus dem Dienst und die damit verbundene soziale Deklassierung. Sehnlichst wünscht er sich hingegen beruflichen Aufstieg und persönliche Anerkennung. In diesem Dilemma zwischen Furcht und Begehren treten ihm die anderen einerseits als Feinde und Konkurrenten entgegen, zum anderen als vorgesetzte und unantastbare Autoritäten, deren Gunst man gewinnen und sich erhalten muß. Auf der Grundlage dieser Einstellung malt ihm seine überhitzte Phantasie ein trügerisches Bild der Umwelt, ein Bild, das nach dem Fest zusammenfällt und seine Identität und persönliche Integrität »in Staub und Nichts« verwandelt.

Im nächtlichen Schneetreiben gewahrt er plötzlich eine Gestalt, die ihm entgegenkommt, vorübergeht und erneut auftaucht. Dieser Unbekannte, der ihm in seine Wohnung folgt und schließlich vor ihm auf seinem Bett sitzt, ist kein anderer als sein

Doppelgänger. Als dieser am nächsten Morgen auch zum Dienst in der Kanzlei erscheint, rätselt Goljadkin zunächst noch, »wer der wirkliche Herr Goljdakin und wer der nachgemachte sei, wer der alte und wer der neue, wer das Original und wer die Nachbildung«. Angst befällt ihn, und er beginnt an seiner Existenz zu zweifeln. Der Bürovorsteher erkundigt sich besorgt nach seiner Gesundheit, während die Kollegen die sichtbare Ähnlichkeit zwischen den beiden Goljadkins im übrigen gelassen zur Kenntnis nehmen. Man erinnert sich an siamesische Zwillinge oder an eigene Erlebnisse (»Meine Tante hat sich kurz vor ihm Tod auch doppelt gesehen«). Der Held versucht sich abzulenken, genießt nach Arbeitsschluß das Winterwetter auf dem Newski- Prospekt und versichert sich ständig seiner ihm noch verbliebenen moralischen Identität, bis der Doppelgänger erneut auftaucht und um ein Gespräch bittet. Goljadkin lädt ihn zu sich nach Hause ein, läßt sich dessen Lebenslauf, »eine ganz gewöhnliche Geschichte«, erzählen, bewirtet ihn, trägt ihm seine Freundschaft an und läßt ihn am Ende sogar bei sich übernachten.

Doch am nächsten Morgen in der Kanzlei ist die freundschaftliche Annäherung vom Abend zuvor vergessen. Als Goljadkin die von ihm bearbeiteten Papiere ins Büro des Chefs bringen will, reißt ihm der andere die Akte aus der Hand, legt sie selber vor und wird von Andrej Filippowitsch gelobt. Der verwirrte Goljadkin fühlt sich erniedrigt und gedemütigt. Soll er sich rächen oder vielleicht die ganze Angelegenheit um seine Person einfach ignorieren? Doch der Doppelgänger läßt sich nicht abschütteln. Als er sogar im Restaurant erscheint und seine Rechnung durch Goljadkin begleichen läßt, schreibt ihm dieser einen Brief, in dem er sich beschwert: »Ihr hartnäckiges Bestreben, geehrter Herr, mit aller Gewalt in meine Existenz und in meinen Lebenskreis einzudringen, übersteigt alle Grenzen der Höflichkeit und des einfachen Anstandes.« Petruschka soll bei Wachramejew, dem Sekretär der Kanzlei, die Adresse des anderen ermitteln und den Brief übergeben. Erst in der Nacht kehrt Petruschka, völlig betrunken, zurück. Mit einiger Mühe bringt Goljadkin heraus, daß man seinem Diener als Adresse des

Doppelgängers seine eigene genannt hat. Außerdem ist da noch ein Brief von Wachramejew. Der Sekretär kündigt Goljadkin die Freundschaft und beschuldigt ihn, vor Zeiten die ehrbare Köchin Karolina Iwanowna durch ein nicht gehaltenes Heiratsversprechen beleidigt zu haben. Dieser weist energisch alle Vorwürfe zurück und fügt in dunkler Andeutung hinzu, daß Personen, die durch ihre Anmaßung andere aus ihrer Stellung zu verdrängen suchen, entweder ins Irrenhaus kommen oder vom Gesetz belangt werden können.

Die Erlebnisse des Tages haben Goldjakin »bis auf den Grund seines Seins« erschüttert. In der Nacht träumt er von einer vornehmen Gesellschaft, in der er sich auszeichnet, so daß ihn alle liebgewinnen. Doch diesen Triumph zerstört der auch hier auftauchende Doppelgänger. Vor dem Haus weigern sich die Droschkenkutscher, ihn, »einen Menschen, der doppelt dasteht«, zu fahren. Er flüchtet zu Fuß und sieht sich von einer Reihe Doppelgänger verfolgt, die ganz Petersburg überfluten, bis ein Polizist sie in das nächstbeste Schilderhaus stopft.

Als er gegen Mittag endlich aufwacht, eilt er ins Büro, um Neues über sich und seine Lage zu erfahren, doch ohne Erfolg. Dabei sieht er, daß sein Doppelgänger das Wohlwollen der Vorgesetzten und Kollegen längst gewonnen hat. Goljadkin versucht sich zu rechtfertigen, zunächst vor seinem Abteilungschef, dann beim Bürovorsteher, der jedoch alle gegen ihn erhobenen Vorwürfe bestätigt und eine Prüfung in Aussicht stellt. Voller Angst um den Erhalt seiner sozialen Stellung, beteuert Goljadkin nachdrücklich seine staatsbürgerliche Loyalität. Mit Entsetzen beobachtet er, wie der andere jenen Aufstieg, den er selbst insgeheim erträumt, erfolgreich realisiert: »Ich möchte gern wissen, wie er es nur macht, sich in der höheren Gesellschaft zu behaupten!« Wie nur sich selbst wieder ins Spiel bringen? Man kann den anderen moralisch verurteilen: »Er ist also der Schuft, ich aber werde der Anständige sein!«, oder bei den Vorgesetzten denunzieren: »Er ist ein gemeiner und verdorbener Mensch, Euer Exzellenz!«

Nochmals versucht er, sich mit seinem Ebenbild auszusprechen. Doch der macht sich über ihn lustig und begibt sich in einer Droschke anscheinend zu Olsufi Iwanowitsch. In einem Gasthaus an der Semjonow-Brücke liest Goljadkin einen Brief, den ihm ein Kollege beiläufig zugesteckt hat: »Edler, um meinetwegen leidender und meinem Herzen ewig teurer Mann!«, so wendet sich Klara an ihn mit der Bitte, sie zu entführen und damit vor einer erzwungenen Heirat zu bewahren. Für die Intrige seien ihr Vater und der Doppelgänger verantwortlich. Goljadkin ist überrascht und völlig verwirrt. Als ihm versehentlich ein Medizinfläschchen von Dr. Rutenspitz aus der Tasche fällt und zerbricht, erregt er allgemeine Aufmerksamkeit. Er flüchtet nach Hause, wo schon der Kanzleidiener mit der Anweisung wartet, ihm alle Akten zu übergeben. Ist das der dienstliche Rausschmiß? Auch Petruschka packt seine Sachen und verschwindet. Völlig entnervt, irrt Goljadkin ziellos durch Petersburg.

Er nimmt Klaras Wunsch nach Entführung ernst und versteckt sich diesmal hinter ihrem Haus. Die erleuchteten Fenster deuten darauf hin, daß wieder ein Fest im Gange ist. Die gewünschte Entführung, so überlegt er, kann ihn seine Stellung kosten, schließlich ist er kein Romanheld. Plötzlich bemerkt er, wie man aus den Fenstern zu ihm hinunterschaut. Der Doppelgänger kommt heraus und führt ihn ins Haus, die Treppe hinauf bis in den überfüllten Ballsaal, und es scheint ihm anfangs, als laufe jetzt alles auf eine Versöhnung hinaus. Dann aber macht ihn das Erscheinen von Dr. Rutenspitz mißtrauisch. Man beruhigt ihn und geleitet ihn freundlich aus dem Haus zu einem Wagen, in dem er mit seinem Arzt davonfährt. Wo man ihn wohl hinbringen würde? Der Weg erscheint ihm unbekannt. Links und rechts erstrecken sich dunkle Wälder. Ringsum ist es öde und leer. Zwei feurige Augen sehen ihn aus dem Dunkel an, »streng und furchtbar, wie ein Todesurteil«, ertönt die Stimme von Dr. Rutenspitz: »Sie bekommen von der Krone freie Wohnung, Beheizung, Beleuchtung, Bedienung, dessen Sie gar nicht wert sind.«

Das Gut Stepantschikowo und seine Bewohner

Versetzen wir uns in die russische Provinz des 19. Jahrhunderts, in ein Gutsdorf kurz vor der Aufhebung der Leibeigenschaft. Es heißt Stepantschikowo und gehört Jegor Rostanjow, einem naiven und überaus gutherzigen Oberst. Nach seiner Militärzeit und dem frühen Tod seiner Frau lebt er hier mit seinen beiden Kindern und ihrer Erzieherin. Doch das friedliche Landleben wird schon bald auf empfindliche Weise gestört. Die Mutter des Obersten, eine ausgemachte Hysterikerin, beschließt nach dem Tod ihres zweiten Mannes, eines pensionierten Generals, mit ihrem ganzen Anhang samt Dauergästen und Schoßhunden zu ihrem Sohn in das Herrenhaus von Stepantschikowo einzuziehen.

Damals war es durchaus üblich, daß ein Gutsherr außer Gouvernanten und Hauslehrern auch mittellosen Verwandten und Freunden über längere Zeiträume freie Kost und Logis gewährte. In diesem Fall spitzt sich die Lage dadurch zu, daß die Generalswitwe in ihrem Gefolge Foma Opiskin mitbringt, einen gescheiterten Literaten, der bei ihrem verstorbenen Mann als Unterhalter und Hausnarr gedient hatte und sich jetzt mit Gelegenheitsjobs über Wasser hält. Vom General ständig gedemütigt, entwickelte Foma nach dem Tod seines Brotgebers plötzlich eine maßlose Eigenliebe, eine unglaubliche Prahlsucht und ein gieriges Bedürfnis nach Verehrung und Bewunderung. Im Bündnis mit der ihm hemmungslos ergebenen Generalin spielt er sich in Stepantschikowo zum Tyrannen auf. Für die Bewohner will er nicht nur die oberste moralische Instanz sein, sondern auch eine wissenschaftliche und literarische Autorität. Ständig attackiert er den Hausherrn, er sei ein Egoist und würde seine Mutter und auch ihn, Foma, nicht genügend achten. Der vertrauensselige

Oberst, der sich eigentlich keiner Schuld bewußt ist, nimmt Fomas moralische Integrität und angebliche Klugheit für bare Münze und behandelt ihn mit einer gewissen Nachsicht: »Der Mensch hat gelitten, hat Großes vollbracht, so etwas muß belohnt werden! Ja, und dann die Wissenschaft. Er ist doch Schriftsteller! Ungemein gebildet! Ein überaus edler Mensch.«

Eines Tages erhält der Erzähler dieser Geschichte, der in Petersburg lebende Neffe des Obersten, einen Brief von seinem Onkel mit der Bitte, so rasch wie möglich nach Stepantschikowo zu kommen. Erkundigungen ergeben, daß gegen den Onkel eine Intrige im Gange ist: Seine Mutter und Foma sind dabei, ihn mit einem bejahrten und psychisch etwas verwirrten, dafür aber sehr reichen Mädchen, einer entfernten Verwandten der Generalin, zu verheiraten. Außerdem versuchen sie, die Erzieherin Nastja aus dem Hause zu vertreiben, damit er nicht etwa auf die Idee käme, sich in sie zu verlieben. In der Absicht, die Dinge wieder einzurenken und Foma fortzujagen, sowie in der Hoffnung, die junge und offenbar attraktive Nastja kennenzulernen, macht sich der Neffe auf den Weg.

Nach seiner Ankunft bestätigt sich, was er ohnehin schon weiß: Foma tyrannisiert seine Umgebung bis ins Absurde: er hält den Bauern ökonomische Vorträge, zwingt das Gesinde, Französisch zu lernen u. a. Der Onkel verteidigt ihn aus Ehrfurcht vor seiner angeblichen Bildung und aus einem unerklärlichen Mitleid. Selbst die geplante Geldheirat scheint seine Zustimmung zu finden. Dem Neffen schlägt er vor, Nastja zu ehelichen, damit sie weiter auf Stepantschikowo bleiben könne.

Beim Nachmittagstee lernt der Erzähler die im Herrenhaus agierende Gesellschaft kennen. Nur Foma läßt sich vorerst entschuldigen mit der Begründung, man werde ihn wegen des Neuankömmlings ganz sicher zu wenig beachten. Anwesend sind außer der Generalin, »vor der alle sich wie auf Draht gezogen bewegten«, mehrere Damen, darunter auch die exaltierte Jungfer und Heiratskandidatin, sowie zwei Herren, ein Vetter dritten Grades und ein Gast aus der Stadt mit seiner Mutter. Nach anfänglichem Interesse für den Ankömmling aus Petersburg mündet das Gespräch in einen offenbar eingespielten Dialog: Man beschuldigt den Oberst, ein hoffnungsloser Egoist und undankbarer Sohn zu sein, wogegen sich dieser erfolglos zur Wehr setzt. Plötzlich aber erklärt seine Tochter Alexandra, sie habe genug von Foma, nur sei ihr Vater zu schwach, ihn einfach davonzujagen. Als Antwort auf diesen skandalösen Zwischenruf simuliert die Generalin eine Ohnmacht und beschuldigt den Neffen aus Petersburg, an dem ganzen »Aufruhr« schuld zu sein. In dieser turbulenten Szene erscheint plötzlich Foma höchstpersönlich.

Klein von Wuchs, in Schlafrock und Hausschuhen, ein »unansehnliches Menschlein« von etwa fünfzig Jahren in der Pose eines arroganten Wichtigtuers, macht er auf den Erzähler einen eher lächerlichen Eindruck. Sogleich aber setzt er sich in Szene und demonstriert lautstark seine exklusive Stellung im Hause, beschimpft die Dienstboten, fordert von der Literatur, sie solle die rohen Sitten des Volkes veredeln, und rechtfertigt schließlich seinen anmaßenden Auftritt: »Ich kenne Rußland, und Rußland kennt mich: darum rede ich so.« Das Publikum stimmt ihm zu und schmeichelt ihm über die Maßen. Zum Gaudium seiner Anhängerschaft will er – gleichsam als lustiges Intermezzo – die Französischkenntnisse des alten Dieners Gawrila prüfen, doch der setzt sich gegen diese offenkundige Demütigung zur Wehr. Wieder gerät die Szene zum Skandal: Foma und die Generalin wittern »Rebellion« und fordern Gawrilas sofortige Bestrafung. Als der Neffe gegen diesen Unsinn protestiert, wird er als Petersburger Freigeist abgeurteilt. Auf seine Bemerkung, Foma sei ja völlig betrunken, stürzt dieser aus dem Zimmer, und die ganze Teegesellschaft folgt ihm nach.

Der Leser wird bei dieser Geschichte an Molières Sittenkomödie *Tartuffe* erinnert. Doch Foma ist trotz einiger Ähnlichkeit nicht Tartuffe, nicht jener Gauner, der sich durch Heuchelei ein Vermögen erschwindelt, die Tochter des Hausherrn heiraten und dessen Frau verführen möchte, bis man ihn am Ende hinter Schloß und Riegel bringt. Dostojewski demonstriert anhand seiner Hauptgestalt erstmals und in komödiantischer Form eine seiner Lieblingsideen: den Zusammenhang zwischen sozialer Entwurzelung, dem Gefühl der Minderwertigkeit und dem Bedürfnis nach Kompensation durch haltlose Selbstüberschätzung und ein pathologisches Machtstreben. Der aus dem Nichts auftauchende Foma (»Woher er kam – ist unbekannt«), ein erniedrigter und beleidigter Niemand, verwandelt sich in eine Autoritätsperson und verschafft sich durch seine Rhetorik der Scheinheiligkeit eine für jeden Betrachter unerklärliche Macht über seine Umgebung. Dabei gelingt die Verwandlung des einstigen Hausnarren zum Despoten nur mit der Hilfe seiner Anhänger: Die Generalin sowie die übrigen Bewohner von Stepantschikowo, in der Mehrzahl verarmte und vereinsamte Menschen, ordnen sich gern der Autorität Fomas unter und erhoffen sich Vorteile von seiner Freundschaft. Im Verwirrspiel von Schein und Sein, Macht und Unterwerfung findet er sichere Unterstützung nur in der Gesellschaft der Dauergäste des Gutsherrn. Dagegen haben die Unbeteiligten – der aus Petersburg angereiste Neffe, die Kinder des Obersten und Nastja, ihre Erzieherin – den Eindruck, sich in einem Irrenhaus zu befinden.

Im weiteren Fortgang der Handlung überstürzen sich die Ereignisse und unerwarteten Wendungen. Bei einem heimlichen, aber von Foma belauschten Rendezvous gesteht Nastja dem Oberst überraschend ihre Liebe. Zum gleichen Zeitpunkt entführt der Gast aus der Stadt die reiche Heiratskandidatin. Damit verändert sich die Figurenkonstellation. Die von Foma und der Generalin geplante Geldheirat kann nicht mehr stattfinden, andererseits bahnt sich zwischen dem Oberst und der Erzieherin eine handfeste Liebesaffäre an.

Inzwischen wird in Stepantschikowo gefeiert: Der Sohn des Obersten, der kleine Iljuscha, hat Namenstag. In der ausgelassenen Gesellschaft wirkt Foma zunächst nachdenklich und beteiligt sich, abgesehen von sarkastischen Zwischenbemerkungen, kaum an der Unterhaltung. Plötzlich aber erklärt er den Anwesenden theatralisch, er werde Stepantschikowo verlassen, wendet sich an den Hausherrn (»Ich aber will, indem ich mich auf ewig von Ihnen verabschiede, gerade Ihnen noch ein paar letzte Worte sagen«) und beschwört ihn, seine Leidenschaften zu zügeln, denn Glück sei nur durch Tugend möglich. Anstatt sich der Wollust zu überlassen, solle er arbeiten und Verantwortung zeigen vor Gott, dem Zaren und dem Vaterland. Schließlich gibt er das heimliche Rendezvous öffentlich preis und beschuldigt den Oberst, die Erzieherin seiner Kinder verführt und ins Verderben gestürzt zu haben.

Da geschieht das Unerwartete: Der Oberst packt seinen Dauergast und schleudert ihn gegen die Außentür, die sofort auffliegt, so daß Foma die Treppe zum Hof hinunterrollt. Nachdem er seinen Peiniger auf diese Weise buchstäblich aus dem Haus geworfen hat, bittet er in Anwesenheit seiner Mutter und aller Gäste die angeblich verführte Nastja, seine Frau zu werden. Heulend verlangt die Generalin, man solle Foma augenblicklich zurückbringen und Nastja müsse auf die Heirat verzichten. Während dieser neuerlichen Skandalszene entlädt sich ein Gewitter, und es geht ein gewaltiger Platzregen nieder. Der ins Haus zurückgeholte, völlig durchnäßte und von seinen Anhängern umsorgte Foma scheint anfangs zu phantasieren und sich an nichts zu erinnern. Dann aber erwacht er effektvoll und verkündet mit leidender Stimme: Er sei nur um das Schicksal des unschuldigen Mädchens besorgt gewesen, wolle nun aber dem Paar seinen Segen geben, den »Segen eines von Leid erdrückten Märtyrers«.

Mit dem gewaltsamen Rausschmiß wurde Fomas Macht und Autorität für den Augenblick gebrochen. Der Oberst war aus der Haut gefahren, weil er die Beleidigung Nastjas nicht ertragen konnte und sich dabei bewußt wurde, wie sehr er sie liebte. Foma aber hat nach seiner Rückkehr ins Herrenhaus sein Rollenspiel nur mehr der neuen Situation angepaßt. Mit der unerwarteten Zustimmung zu der unter den gegebenen Umständen wohl kaum noch zu verhindernden Heirat krönt er seine Rolle als Hauptperson in Stepantschikowo in der scheinheiligen Pose des Humanisten und erhabenen Friedensstifters, die ihm das Bleiberecht auf Lebenszeit sichert: »Ich möchte den Menschen lieben, gebt mir, gebt mir den Menschen, damit ich ihn lieben kann … Meine Kinder, umarmt mich, ich bleibe.«

Foma lebt noch weitere sieben Jahre in Stepantschikowo – eigensinnig, launisch, verärgert und ständig zu Moralpredigten aufgelegt. Nach seinem Tod erfährt der Triumph seiner scheinheiligen Existenz eine letzte Bestätigung: Über seinem Grab wird ein Denkmal aus weißem Marmor errichtet, ähnlich jenem Mausoleum, das man einst für seinen Herrn, den General, gebaut hatte.

Aufzeichnungen aus einem Totenhaus

Der Verfasser schildert Erlebnisse aus seiner Gefängniszeit in der Festung Omsk (1850–1854), bedient sich aber einer Manuskriptfiktion. Die scheinbar ungeordneten Notizen, Beschreibungen und Kommentare vermitteln den Eindruck erlebter Tatsachen, und doch ist diese dokumentarische Prosa durchkomponiert wie ein Roman. Zu Beginn führt eine kurze Rahmenerzählung den Leser aus seinem gewohnten Alltag wie durch eine Schleuse hinüber in die »völlig neue, bisher noch nie beschriebene Welt« der Strafgefangenschaft: Bei einer Reise durch Sibirien lernt der Erzähler den ehemaligen Sträfling Alexander Gorjantschikow kennen. Der einstige Gutsbesitzer hatte bald nach der Hochzeit seine Frau aus Eifersucht getötet, war zu zehn Jahren Gefängnis verurteilt worden und lebte seit seiner Entlassung in einer nahe gelegenen Kleinstadt. Nach seinem Tod entdeckt der Verfasser unter dessen Papieren ein umfangreiches Heft, in dem der ehemalige Sträfling unter der Überschrift *Szenen aus einem toten Haus* seine Erinnerungen aufgezeichnet hat. Von der Lektüre fasziniert, beschließt der Erzähler ihre Veröffentlichung.

Gorjantschikow beginnt mit einer Grenzziehung: Ein hoher Palisadenzaun trennt das Gefängnis, in das er eingeliefert wird, von der Außenwelt. Der einzige Weg hinein oder heraus führt durch ein Tor: »Hinter diesem Tor lag die lichte freie Welt, dort lebten alle die anderen Menschen. Aber diesseits der Umzäunung lag eine eigene Welt, von der sich die übrigen Menschen nur Vorstellungen wie von einem jeder Realität fernen Märchen machten. Hier war eine besondere Welt, die keiner anderen glich; hier gab es besondere Gesetze, besondere Kleidung, besondere Sitten und Gebräuche. Es war ein Totenhaus lebendig Begrabener und in ihm ein Leben wie sonst nirgendwo.«

Innerhalb der Umzäunung befinden sich zwei langgestreckte Kasernen und ein Appellplatz. In den niedrigen, bei Dunkelheit von Talglichtern matt erhellten Kasernen leben die Gefangenen, aufgeteilt in Gruppen je nach der Art des Verbrechens, aber ohne Rücksicht auf Standesunterschiede. Die Wachmannschaft steht unter dem Befehl eines Majors, der die Häftlinge schikaniert, und eines »edel und vernünftig denkenden« Kommandanten. Gorjantschikow wird vom anonymen Räderwerk des bestehenden Strafsystems erfaßt, das er skeptisch beurteilt: »Das Verbrechen läßt sich nicht nach gegebenen, bereits fertigen Gesichtspunkten erfassen, und seine Philosophie dürfte etwas schwieriger sein, als allgemein angenommen wird.« Man sperrt den Verbrecher aus Sicherheitsgründen weg. Aber weder Gefängnisstrafe noch Zwangsarbeit sind geeignet, ihn zu bessern. Eher fühlt er sich durch die offizielle Strafe von jedem Bewußtsein eigener Schuld befreit. Das Volk sieht im Sträfling ohnehin nicht den Verbrecher, sondern einen »Unglücklichen«, dem man Almosen zusteckt. Zudem lassen sich die Verbrechen nicht vergleichen. Zu unterschiedlich sind die Charaktere der Täter. Selbst der Aufenthalt im Gefängnis ist für den einen qualvoll, für den anderen ein lustiges Leben in munterer Gesellschaft.

Der Gefängnisalltag ist Routine: Appell, Stubendienst, Frühstück, Kontrolle, das banale Gerede der Häftlinge. Es gibt reichlich Verpflegung. Vor allem das Brot ist schmackhaft, weniger die Kohlsuppe, in der Schaben keine Seltenheit sind. Aber der Ekel, der anfangs aufkommt, legt sich bald. »Mit der Zeit begriff ich, daß es außer dem Verlust der Freiheit, außer der Zwangsarbeit im Leben des Sträflings noch eine Qual gibt, die fast größer als all die anderen ist: das erzwungene Zusammenleben.«

Gorjantschikow bemerkt bald, daß ihn die Mithäftlinge meiden: »Die ehemaligen Edelleute betrachtet man im Gefängnis durchweg feindselig.« Es gibt nur wenige Adlige, Russen und Polen, darunter den ehemaligen Fähnrich Akim Akmytsch, der im Kaukasus gedient und dort jemanden erschossen hatte, anstatt ihn den Gerichten zu übergeben. Dagegen fallen die ethnischen

Unterschiede eher ins Gewicht: »Der eine ist Russe, der andere Tscherkesse, der dritte ist Sektierer, der vierte ein rechtgläubiger Bauer, der fünfte ist Jude, der sechste Zigeuner, der siebente Gott weiß wer, und sie müssen jetzt alle hier an einem Ort zusammen leben, ob sie wollen oder nicht.« Jeder hat seine eigene Geschichte, über die er nicht gern redet – Einzelschicksale aus einer anderen Welt: Der junge und sanfte Sirotkin, lebenslänglich verbannt, weil er seinen Kompaniechef erschossen hat. Oder der abstoßende Gasin, ein tatarischer Schwerverbrecher, der sich periodisch betrinkt und sich prügelt. Im Gefängnis zählt das Verhalten hier und jetzt. Man ist stets um die eigene Würde besorgt. Eitelkeit und Hochmut überdecken jeden Gedanken an Reue oder Schuld. Eines Tages wird der berüchtigte Raubmörder Orlow überstellt und zu Spießruten verurteilt. »Aus Neugier und auch aus aufrichtigem Interesse machte ich mich näher mit ihm bekannt und studierte ihn eine ganze Woche. Ich kann mit aller Bestimmtheit versichern, daß ich in meinem ganzen Leben keinen Menschen mit einem stärkeren, eiserneren Charakter gesehen habe. Orlow war von größter Selbstbeherrschung, hochmütig, ohne Reue und Gewissen und nur von der Idee besessen auszubrechen.« Jenseits der Zwangsarbeit sucht sich jeder Häftling möglichst noch eine eigene Beschäftigung: als Handwerker, Geldverleiher, Schmuggler oder gar als »Schankwirt«. Gorjantschikow wundert sich, daß man im »Totenhaus« für Geld sowohl Branntwein als auch Mädchen kaufen kann, letzteres allerdings nur mit größtem Risiko. Hatte ein Sträfling genügend Geld, so kam es vor, daß er ein »Fest« spendierte mit Musik und Branntwein, manchmal auch mit Frauen.

Gorjantschikows Lust an der Beobachtung und Analyse seiner neuen Umwelt wird besonders in der Anfangszeit immer wieder durch das Gefühl der Niedergeschlagenheit gedämpft: »Am Abend, als es bereits dunkel war, ging ich noch, kurz bevor die Kasernen zugeschlossen wurden, am Palisadenzaun umher, und eine tiefe Schwermut legte sich auf meine Seele. Nie wieder habe ich während meines ganzen Gefängnislebens eine so große Schwermut empfunden.«

Nach der letzten Kontrolle bleiben die Häftlinge in der Kaserne unter sich, wo sie gleichsam »zu Hause« sind. Man hat seine Beschäftigung oder spielt Karten bis auf die ewigen »Bettler«, die nichts mit sich anzufangen wissen und sich für allerlei Dienste anbieten. Zu den Mitbewohnern Gorjantschikows gehört eine Gruppe Kaukasier, verurteilt wegen Diebstahls, darunter der Lesghier Nurra, »der Löwe«, ein athletischer, von Narben bedeckter junger Mann, ein ehrlicher und frommer Moslem, sowie drei tatarische Brüder aus Dagestan, deren jüngster, Alei, von den beiden anderen mit väterlicher Liebe beschützt wird: »Ich halte Alei für ein durchaus ungewöhnliches Wesen und denke an die Begegnung mit ihm als eine der besten und schönsten in meinem Leben zurück. Es gibt Charaktere, die von Natur so schön, die von Gott so beschenkt sind, daß schon die bloße Vorstellung, der Betreffende könnte sich zum Schlechten verändern, einem ganz unmöglich erscheint.« Die übrigen Mitgefangenen sind Polen, Ukrainer, der Jude Isai Fomitsch Bummstein, Goldschmied und Geldverleiher, sowie ein paar Altgläubige. »Alle diese Gestalten sah ich an jenem ersten freudlosen Abend meines neuen Lebens nur wie durch einen Nebel. Vieles stand mir noch bevor, was ich nie gedacht, was ich mir nicht einmal hätte träumen lassen.«

Gorjantschikow vertieft sich in sein Leid, »als läge in der Erkenntnis der ganzen Größe des eigenen Unglücks tatsächlich ein Genuß. Aber vielleicht sind die Menschen hier gar nicht so viel schlechter als jene, die *anderen*, die dort zurückgeblieben sind, hinter den Palisaden?« Gegen Bezahlung findet er jemanden für kleine Dienstleistungen und sogar einen Küchenangestellten, der für ihn kocht und einkauft. »Überhaupt kam ich anfangs aus der Verwunderung gar nicht heraus; war es doch meine erste unmittelbare Berührung mit dem Volk. Ich selbst wurde plötzlich zu ebensolchem einfachen Volk, zu einem sibirischen Sträfling.« Doch der Ort der Wandlung war und blieb ein »Totenhaus«.

Nach dem Morgenappell geht es zur Arbeit. Gorjantschikow überlegt: »Worin bestand die sibirische Zwangsarbeit? Und wie würde ich zum ersten Mal in meinem Leben arbeiten?« Seine Kolonne soll am Ufer des Irtysch zwei Barken auseinandernehmen. »Träge, unwillig, ungeschickt machte man sich endlich an das Abreißen. Es verdroß einen, diese Schar gesunder, stämmiger Arbeiter zu sehen, die, wie es schien, absolut nicht wußten, wie sie die Arbeit anfassen sollten. Das Bauholz, das sie aus den Barken retten sollten, zerbrach ihnen wie von selbst.« Erst als ihnen der Aufseher ihre Aufgabe sachgerecht erklärt, wird ordentlich gearbeitet. Gorjantschikow aber wird ständig abgedrängt und verhöhnt, weil man ihm als Adligem die körperliche Arbeit nicht zutraut. Bedrückt kehrt er abends zurück, und nur der Gefängnishund Scharik kommt ihm in der Dämmerung freudig entgegen.

»Doch die Zeit verging, und allmählich lebte ich mich ein.« Der Alltag in seiner tristen Regelmäßigkeit wird zur Gewohnheit. Was bleibt, ist der Traum von der Freiheit. Während der Freie im Strudel eines wechselhaften Lebens kaum zur Besinnung kommt, überbrückt der Gefangene in seinen Träumen beliebige Strafzeiten und hofft, danach wieder dort anfangen zu können, wo er einst aufgehört hat. Diese Hoffnung erhöht die Überlebenschance. »Ich fühlte, daß die Arbeit mich retten, meine Gesundheit, meinen Körper stählen würde«, beim Brennen und Stoßen von Alabaster am Fluß, beim Drehen des Rades einer Drechselbank oder beim Schneeschaufeln. Allmählich vergrößert sich auch sein Bekanntenkreis. Oft besucht ihn der Arrestant Petrow und stellt ihm ausgefallene Fragen: über Napoleon III. oder über Romane von Dumas. Er gilt als furchtlos, entschlossen und zu jedem Mord fähig. Wenn er etwas plant, läßt er sich von nichts und niemandem abbringen. In einer Revolution treten Leute wie er plötzlich als Hauptakteure auf, folgen dem Ziel bis zur letzten Grenze oder Mauer und werden dann getötet. Doch gemordet wurde nicht nur entschlossen und zielstrebig, sondern auch aus Vergnügen oder Zufall, wegen einer Bagatelle oder aus innerem Zwang: wie »ein Mensch auf einem hohen, hohen Turm, der sich unwillkürlich in die Tiefe hinabgezogen fühlt, so daß er schließlich froh wäre, sich mit dem Kopf voran hinunterstürzen zu können«. Im Gefängnis geben sich die Mörder zumeist den Anschein von Tollkühnheit, um gefürchtet zu werden. Selbstgefällig prahlen sie mit ihren Taten, wie Luka Kusmitsch, der seinem Pritschennachbarn ganz beiläufig seine Geschichte erzählt: wie er einst einen Major, der sich vor ihm, dem wehrlosen Arrestanten, als Zar und Gott aufspielte, erstochen hat. Unwillkürlich zeigt Gorjantschikow Verständnis: denn »ein jeder Mensch, wer er auch sei und wie tief er auch erniedrigt wäre, verlangt doch – wenn auch nur instinktiv, ganz unbewußt – Achtung vor seiner Menschenwürde«.

Vor dem Weihnachtsfest werden die Häftlinge in die städtische Badeanstalt geführt, eine alte, enge und schmutzige Stube mit kaltem Vorzimmer. War es schon schwierig, die Kleidung unter den Fesseln abzustreifen, so entpuppt sich die Banja als wahre Hölle, ein halbdunkler, von Wasserdampf erfüllter Raum »von ungefähr 12 Schritt Länge und gleicher Breite«, in dem an die hundert Menschen stehen, knien, sitzen und sich waschen, um sich dann auf die Schwitzbank zu setzen.

Weihnachten ist auch für die Gefangenen ein Fest, das sie mit der »Welt dort draußen« verbindet. An diesem Tag zeigen sie Ernst und Würde. Man zieht zivile Kleider an. Auf den Fußboden wird Heu gestreut. Beim Morgenappell beglückwünscht der Wachhabende die Häftlinge zum Feiertag. Eine Ikone wird aufgestellt, und ein Geistlicher hält den Gottesdienst ab. Dann gibt es reichlich zu essen, Festtagskohlsuppe und Spanferkel sowie Spenden aus der Stadt, »ungeheure Mengen von Käsekuchen, Pfannkuchen und süßen Broten«. Einige feiern maßlos mit Branntwein und übertreffen sich beim Absingen von Arrestantenliedern. Doch der Tag geht rasch vorüber, und »ein jeder hatte schließlich das Gefühl, als hätte er nach einer großen Hoffnung eine große Enttäuschung erfahren«.

Nach Weihnachten findet eine Theateraufführung statt. Gespielt werden das Vaudeville »Filatka und Miroschka«, die volkstümliche Posse »Kedrill der Vielfraß« und eine »Pantomime mit Musik«. Die Kaserne ist in der Mitte durch einen phantasievoll bemalten Vorhang geteilt, hinter dem sich die Bühne befindet.

Als Beleuchtung dienen abgeschnittene Kerzen. Der Zuschauerraum ist übervoll. Auch die Wachmannschaft schaut zu. Gorjantschikow genießt die unerwartete Achtung des Publikums: In Theaterfragen traut man ihm, dem Adligen, einiges zu. Die Einleitung besorgt ein Orchester: Geigen, Balalaikas, eine Trommel, Gitarren und eine Harmonika. Dann beginnt die Vorstellung: »Den ›Filatka‹ habe ich oft genug in Moskauer und Petersburger Theatern gesehen, doch kann ich mit voller Überzeugung sagen: die großstädtischen Schauspieler spielten ihn schlechter als Bakluschin.« Dieser wegen Mord an einem reichen Nebenbuhler verurteilt, wird in der anschließenden Posse als Feigling und Vielfraß Kedrill am Ende von Geistern in die Hölle verschleppt: »Den Herrn haben die Teufel geholt!« – der Jubel der Zuschauer ist grenzenlos. Die rasche Folge der Eindrücke – der »Hölle« des öffentlichen Bades folgt die ernste Feierlichkeit des weihnachtlichen Gottesdienstes – kulminiert in der Theateraufführung, einer gleichsam karnevalistischen Verkehrung der Welt: im ersten Stück ein Mörder, verkleidet als Staatsbeamter, dann ein Herr, den die Teufel holen, und Sträflinge als Schauspieler, die das professionelle Theater der Hauptstadt übertreffen. Danach herrscht wieder der Gefängnisalltag. »Ich sehe ihre armen Gesichter, sehe ihre armseligen Lagerstätten, sehe diese ganze trostlose Armut und Nacktheit – ich blicke angestrengt, als wollte ich mich überzeugen, daß es nicht nur die Fortsetzung eines greulichen Traums ist, sondern Wirklichkeit.«

Als Gorjantschikow erkrankt, verlegt man ihn ins Hospital. Er tauscht die Gefangenenkleidung gegen Krankenhauswäsche von zweifelhafter Sauberkeit. Unmengen von Läusen, Wanzen und Flöhen quälen die ohnehin Leidenden. In einem Zimmer liegen bis zu zwanzig Personen, darunter Geisteskranke und Opfer körperlicher Züchtigung. Die Ärzte sind allgemein beliebt, sie haben Mitleid auch mit Simulanten, die möglichst lange im Hospital bleiben wollen. Doch echtes Vertrauen kommt nicht auf: Die Ärzte gehören zur Oberschicht und sind häufig Ausländer. Überhaupt mißtraut man allem, »was den Stempel des Administrativen, Formellen trägt«. Unsauberkeit und faulige Gerüche, besonders aber der stinkende Zuber für die nächtliche Notdurft sind schwer zu ertragen. Warum quält man die Kranken, die so dringend frischer Luft bedürfen? »Unser einfaches Volk ist eben sehr genügsam und erstaunlich ekelfrei. Mich aber überlief ein Gruseln.« Die Fesseln werden nicht abgenommen, in Fesseln wird auch gestorben. »Die Fesseln sind nichts als Entehrung, physische wie sittliche Belastung, Schmach und Schande.« Gorjantschikow sieht einen jungen schwindsüchtigen Schwerverbrecher sterben, der lange Zeit »leise trauert«, sich dann in seiner Atemnot die Kleider vom Leib reißt. »Der völlig entblößte, bis auf Haut und Knochen abgemagerte Leichnam, an dem noch die eisernen Fesseln angeschmiedet waren, schien selbst den wachhabenden Unteroffizier zu erschüttern.«

Körperliche Züchtigung durch Spießruten gehört zum Gefängnisalltag. Häufig werden Häftlinge mit blutigem Rücken eingeliefert. Man legt ihnen Kompressen auf, überläßt sie aber ansonsten sich selbst. Der Delinquent nimmt diese Art der Bestrafung im allgemeinen schicksalhaft und ohne Gewissensbisse hin. Unter den Exekutoren gibt es Sadisten, leidenschaftliche Anhänger der Kunst des Prügelns wie Leutnant Sherebjatnikow, der mit dem Verurteilten gern allerlei Spielchen treibt und dann lachend und mit großem Genuß bei der Züchtigung zusieht. Gorjantschikow erlebt die Geprügelten und interessiert sich für ihren Seelenzustand, für jene physische Angst, »die sich nicht abschütteln läßt und die alles Sittliche im Menschen erdrückt«. Häufig wird die Zahl der Hiebe – in Abhängigkeit von der Schwere des Vergehens zwischen 500 und 4000 – in Raten erteilt, um den Häftling zu schonen. »Was ist Schmerz?« fragt Gorjantschikow, ohne eine Antwort zu erhalten. Rutenhiebe, so erfährt er, sind schlimmer als Stockhiebe, weil sie die Haut zerreißen. Im übrigen hat das Prügeln in Rußland Tradition, denkt man an die von den Gutsbesitzern geübte Praxis sadistischer Auspeitschung von Leibeigenen. »Es gibt Menschen, die blutrünstig wie Tiger sind. Wer einmal diese Macht, die unbegrenzte Herrschaft über einen menschlichen Körper, über das Fleisch und den Geist eines Menschen, wie man selbst einer ist – wer einmal die Macht und die Freiheit hat, ein anderes Wesen, das gleichfalls ein Ebenbild Gottes ist, bis zur tiefsten Erniedrigung zu erniedrigen – der verliert unwillkürlich die Herrschaft über seine eigenen Gefühle.« Tyrannei ist Gewohnheit. Selbst der beste Mensch kann tierisch verrohen. Blut und Macht berauschen, Roheit und Lüsternheit vervollkommnen sich zu feinstem Genuß. Hinzu kommt, daß sich Exekutoren und Henker an ihren Opfern bereichern. »Eine Gesellschaft, die sich zu derartigen Erscheinungen gleichgültig verhält, ist bereits in ihrer Grundlage vergiftet. Kurz, das Recht zur Körperstrafe, das dem einen über den anderen verliehen ist, ist eine der Pestbeulen der Gesellschaft und führt zu ihrer unaufhaltsamen Auflösung.«

Zu Ostern beginnen die Sommerarbeiten. Im Frühling vergrößert sich die Sehnsucht nach Freiheit. »Dieses ganze gefesselte, starke Volk stand größtenteils in der Blütezeit seiner Jahre und Kräfte. Schwer sind die Fesseln in dieser Zeit.« Die Gefangenen werden unruhig, und die Fluchtversuche nehmen zu. Man sehnt sich nach einem freien Vagabundenleben voller Abenteuer. Häufiger als sonst späht Gorjantschikow durch die Ritzen des Palisadenzauns sehnsuchtsvoll nach draußen.

Kurz vor Ostern wird das Abendmahl ausgeteilt: »Wir waren gefesselt und gebrandmarkt, und ein jeder schien die Worte vom *sündigen Schächer* auf sich zu beziehen.« Wie zu Weihnachten gibt es auch zu Ostern ein Festessen und entsprechende Feierlichkeiten. Im Sommer arbeitet Gorjantschikow vor allem in der Ziegelei. Er liebt die schwere Arbeit in der Nähe des Flusses, wo man in der Ferne Blumen, ein paar Nomadenzelte und den blauen Himmel sieht. »Ich komme so oft auf dieses Ufer zu sprechen, weil wir einzig von ihm aus Gottes freie Welt sehen konnten.« Die Hitze tagsüber ist unerträglich. Die Nächte sind jetzt kurz, und die Flöhe lassen einen nicht schlafen. Plötzlich geht das Gerücht von der Ankunft eines Revisors um, eines Generals aus Petersburg, der ganz Sibirien besichtigt. Man erwartet Veränderungen. Vielleicht wird der Major abgelöst? Tatsächlich besucht ein General das Lager. Zum Empfang sind alle angetreten, und der Major gibt sich besonders streng. Die Sträflinge aber sind enttäuscht. Es ändert sich nichts.

Im Gefängnis sind Tiere nicht erlaubt. Das Pferd, das die Häftlinge zu Transportarbeiten benutzen, dürfen sie selber pflegen, was sie auch gern und mit großer Kennerschaft tun. »Die Sträflinge sind sonst ein rüdes Volk, doch zu ihrem Pferd kamen sie oft, um es zu streicheln und ihm den Hals zu klopfen.« Daneben gab es ein paar streunende Hunde, einen Ziegenbock und Gänse, sogar einen tatarischen Adler mit gebrochenem Flügel, den man wieder in die Steppe entließ.

Im Gefängnis werden alle zu Phantasten, wenn auch jeder auf besondere Weise. Dabei ist Bildung als ein Merkmal der Oberschicht eher von Nachteil. Wer als einfacher Häftling hierherkommt, ist unter seinesgleichen, der gebildete Adlige aber bleibt ein Fremder, wird gehaßt. »Ihn trennt die größte Kluft vom einfachen Volk«, was sich allerdings erst zeigt, wenn er plötzlich seine Rechte und Privilegien verliert. Dann muß er lernen, eine andere Luft zu atmen, und offenbar sind »geistige Entbehrungen schwerer zu ertragen als alle physischen Qualen«. Eines Tages sind die Häftlinge mit ihren Essen unzufrieden und wollen eine Beschwerde vorbringen. Man nimmt auf dem Appellplatz Aufstellung, um mit dem Major zu sprechen. Auch Gorjantschikow gesellt sich hinzu, wird aber von den anderen abgewiesen: »Sie gehören in diesem Augenblick nicht hierher. Wir sind in einer eigenen Angelegenheit hier, Alexander Petrowitsch. Sie aber sind diesmal überflüssig.« Mit anderen zieht er sich in die Küche zurück: »Ich begriff, daß man mich niemals als Kameraden anerkennen würde, auch wenn ich doppelt und dreifach sibirischer Sträfling wäre.« Der Major läßt sich auf keine Diskussion ein und schickt alle zur Arbeit. Zwar bessert sich am nächsten Tag das Essen, doch bald ist alles wieder beim alten.

Die wenigen polnischen Adligen halten sich abseits. Sie sind zumeist verbittert, mißtrauisch und voreingenommen gegenüber den einfachen Mithäftlingen, diesem Räubervolk, mit dem sie als politische Häftlinge nichts zu tun haben wollen. »Je hais ces brigands«, so zitiert Gorjantschikow einen von ihnen. Allgemein werden die Adligen bei der Arbeit nachsichtig behandelt, mitunter sogar als Schreiber eingesetzt. Die wachhabenden Offiziere sind zum Teil selbst adliger Herkunft, und man erinnert sich noch jener Verbannten, die vor dreißig Jahren – nach dem Dekabristenaufstand von 1825 – hierhergeschickt worden waren. Häufig gehen Bittgesuche für adlige Gefangene ein. Auch kommt körperliche Züchtigung bei ihnen selten vor. Nur der Major macht bei der Bestrafung keinen Unterschied. Eines Tages aber wird er überraschend abgelöst, eine Erlösung für die Häftlinge.

»Ich wollte unseren ganzen Ostrogg und alles, was ich in diesen Jahren dort erlebt hatte, in einem anschaulichen – und möglichst klaren Bilde zeigen; ob mir das auch gelungen ist – das weiß ich nicht.« Gorjantschikows Erinnerungen beziehen sich vor allem auf das erste Jahr seiner Gefängniszeit. Später wiederholt sich vieles. Auch zieht er sich allmählich in seine Einsamkeit zurück. Am Schluß der »Aufzeichnungen« berichtet er von einem spektakulären Fluchtversuch. Der Spezialist für Paßfälschung A-w, der Zigeuner und Pferdedieb Kulikow und ein polnischer Eskortesoldat sind aus der Werkstatt, in der sie gearbeitet haben, entflohen. Der Vorfall sorgt für Aufregung und macht die drei zu Helden des Tages. Die romantische Stimmung verfliegt allerdings, als man hört, daß sie in einem Wald gefaßt wurden. Zunächst verspottet man sie, dann aber verfällt man wieder in den gewohnten Gleichmut. »Mit diesem mißglückten Fluchtversuch erlosch Kulikows Ansehen. Der Erfolg bedeutet so viel bei den Menschen.«

Es geht ins letzte Jahr. Gorjantschikow knüpft Beziehungen nach draußen, darf wieder Bücher lesen. Im Winter eingeliefert, wird er auch im Winter am gleichen Tag entlassen. Noch einmal geht er am Palisadenzaun entlang. »Wieviel Jugend ist hier hinter diesen Wänden unnütz begraben, wieviel große Kraft verkam hier nutzlos. Vielleicht ist gerade dieses Volk der allerbegabteste, allerstärkste Teil unseres ganzen russischen Volkes. Aber nutzlos verkamen die mächtigen Kräfte, verkamen unnütz, gesetzwidrig, unwiederbringlich. Wer aber ist schuld daran?«

Erniedrigte und Beleidigte

Der Titel deutet auf ein damals beliebtes literarisches Thema: das Elend der großen Städte, dargestellt am Konflikt zwischen den sozial Deklassierten, die schuldlos ins Unglück geraten, und den Verursachern des Unglücks, habgierigen und boshaften Vertretern der reichen Oberschicht – zwischen Opfern und Tätern. Der Held und Ich-Erzähler dieses ziemlich melodramatischen Romans ist ein armer und kränklicher Schriftsteller voller romantischer Träume, der in das Intrigennetz eines reichen, skrupellos seine Launen und Laster auslebenden Fürsten gerät. Das Sujet besteht aus zwei ineinander verschachtelten unglücklichen Liebesgeschichten.

Am Beginn steht ein ungewöhnliches Erlebnis. In einer Petersburger Konditorei beobachtet der Erzähler einen alten Mann mit seinem Hund. Als das Tier plötzlich lautlos zu seinen Füßen stirbt, verläßt der Alte schweigend das Lokal und setzt sich draußen an den Straßenrand. Als der Erzähler ihm nachgeht, kann er nur noch feststellen, daß auch der Alte gerade gestorben ist. Sein Paß ist ausgestellt auf Jeremias Smith, Maschinenbauer, achtundsiebzig Jahre alt. Wohl mit dem Hintergedanken, mehr über ihn zu erfahren, bezieht der Erzähler die Wohnung des Verstorbenen. Nach dieser geheimnisvollen Begebenheit, die sich an einem kalten Märzabend in Petersburg ereignet hat und auf eine spannende Fortsetzung hoffen läßt, erfährt der Leser die Lebensgeschichte des Erzählers.

Aufgewachsen ist er auf dem Lande in der Familie des armen Landadligen Nikolai Ichmenjew zusammen mit dessen Tochter Natascha. Der herzensgute und liebenswerte Ichmenew verwaltete die ausgedehnten Güter des Fürsten Walkowski. Der Fürst, der lange Jahre im Ausland verbracht hatte, war Witwer und hatte seinen Sohn Aljoscha zunächst der ländlichen Obhut der Ichmenews anvertraut. Als er eines Tages eine gehobene Stellung in Petersburg erhält, holt er seinen Sohn zu sich und wirft dem alten Ichmenjew überraschend und völlig zu Unrecht vor, er habe seine Tochter Natascha mit Aljoscha verkuppeln wollen. Ja, er bezichtigt ihn sogar des Diebstahls und Betrugs, so daß der Beschuldigte sich gezwungen sieht, vor Gericht in Petersburg seine Unschuld einzuklagen. Hier lebt inzwischen auch der Erzähler, der gerade seine ersten Werke veröffentlicht. Als er und Natascha sich wiedersehen, scheint sich zwischen den beiden eine glückliche Verbindung anzubahnen.

Doch eines Tages beichtet Natascha ihrem Freund, sie liebe Aljoscha, den Sohn des Fürsten, werde ihre Eltern verlassen und mit ihm zusammen leben: »Ja, ich liebe ihn wie eine Irrsinnige, dich habe ich niemals so geliebt; niemand liebt Fesseln, auch ich nicht. Und doch bin ich glücklich, seine Sklavin zu sein und alles von ihm zu ertragen, wenn er nur bei mir ist und ich ihn sehen kann.« Sie übergibt dem Freund einen Abschiedsbrief an ihre Eltern und zieht mit ihrem Geliebten in eine Mietwohnung. Von der Mitteilung völlig überrascht, sieht sich Iwan Petrowitsch um alle seine Hoffnungen gebracht: »Mein ganzes Glück versank in diesem Augenblick, und mein Leben zerbrach in zwei Hälften. Und das ist die ganze Geschichte meines Glücks; so hatte meine Liebe begonnen, und so endete sie.« Doch findet er sich schnell mit der neuen Situation ab und bietet trotz seiner Eifersucht den Liebenden sogar seine Hilfe an. Auf diese Weise bleibt er als aufmerksamer Beobachter in ihrer Nähe und lernt bald auch Aljoscha kennen, einen gutaussehenden und eleganten jungen Mann, leichtsinnig und selbstzufrieden, der in wortreicher Rede seiner Geliebten verspricht, sie zu heiraten, ihre Väter zu versöhnen und in Zukunft sein Brot selbst zu verdienen.

Allein in seiner neuen, ihm noch keineswegs vertrauten Wohnung, flüchtet der Erzähler in liebgewordene Erinnerungen an die Kindheit auf dem Lande. Als es dunkelt, überkommt ihn die Furcht, etwas Unbegreifliches könnte eintreten, vielleicht würde ihm der tote Jeremias Smith mit seinem Hund erscheinen!

Tatsächlich öffnet sich leise die Tür. Auf der Schwelle steht ein kleines Mädchen von zwölf oder dreizehn Jahren und fragt nach seinem Großvater. Als es hört, daß er gestorben ist, verschwindet es wieder. Wie man sieht, wird die geheimnisvolle Geschichte des Jeremias Smith aus Gründen der Spannung nur zögernd enthüllt, während sich die zentrale Handlung des Romans schon klar abzeichnet, ausgelöst durch Nataschas leidenschaftliche Liebesbeziehung zu Aljoscha.

Die Ichmenjews sind tief betrübt, daß ihre Tochter sie verlassen hat. Sie wissen, daß der Fürst Nataschas Verbindung mit Aljoscha mißbilligt und längst beschlossen hat, seinen Sohn reich zu verheiraten. Außerdem haben die nicht enden wollenden Anschuldigungen des Fürsten vor Gericht den alten Ichmenjew verbittert. Aber nachgeben will er nicht. Aus der Brusttasche zieht er die Prozeßpapiere, wobei ein verloren geglaubtes Medaillon mit dem Bild Nataschas herausfällt, beredtes Zeichen seiner Vaterliebe. Der leichtlebige Aljoscha ist seiner geliebten Natascha charakterlich nicht gewachsen. Er betrügt sie und beichtet ihr anschließend in aller Offenheit seine Eskapaden. Zunächst verweigert er sich dem Heiratsprojekt des Vaters, findet aber zunehmend Gefallen an Katerina, der vom Vater ausgesuchten reichen Braut. Natascha begreift längst, daß sie das Opfer ihrer Leidenschaft geworden ist. Auch wird ihr klar, daß Aljoscha sie niemals gegen den Willen seines Vaters heiraten wird.

Vorerst aber scheint sich alles glücklich zu fügen. Aljoscha verkündet stolz, er habe sich dem Eheprojekt seines Vaters erfolgreich entgegengestellt und seiner Braut mitgeteilt, daß eine Heirat nicht in Frage käme. Unerwartet taucht der Fürst auf, vom Erzähler beschrieben als ein elegant gekleideter und ausgesprochen schöner Mann, der jedoch ständig etwas zu verbergen scheint: »Schaute man schärfer hin, so begann man hinter seiner gewohnten Maske etwas Böses, Schlaues und im höchsten Grade Egoistisches zu argwöhnen.«

Der Fürst scheint einlenken zu wollen: Die Braut seines Sohnes habe ihm mitgeteilt, sie könne Aljoscha nicht heiraten. Nun sei zwar eine Geldheirat für Vater und Sohn dringend vonnöten, zudem sei die Braut hübsch, gut erzogen und von bestem Charakter. Doch eine solche Treue zu Natascha habe er seinem Sohn nicht zugetraut. Aljoscha sei an sich leichtsinnig und unvernünftig, ein vollkommenes Kind, wenn auch mit einem guten Herzen. Natascha habe ihn inzwischen zu seinem Besten erzogen, und er, der Vater, stimme nach reiflicher Überlegung ihrer Verbindung zu.

Szenenwechsel. Der Erzähler begegnet auf der Straße der Enkelin des verstorbenen Smith, die sich bei aller Verwahrlosung als ein hübsches Mädchen mit Namen Jelena herausstellt, zu dem er sich hingezogen fühlt. Er begleitet sie bis zu ihrer Wohnung in einem armseligen Mietshaus. Von den Hausbewohnern bringt er in Erfahrung, daß ihre Eltern Ausländer waren, Zugereiste, und daß die Mutter an Schwindsucht gestorben sei. Auf dem Heimweg trifft er einen alten Schulfreund, der inzwischen als Informant für die Petersburger Unterwelt arbeitet. Er kennt die Besitzerin des Mietshauses, Madame Bubnowa, die offenbar von Kinderprostitution lebt, und auch den Fürsten. Selbst die Geschichte Nataschas ist ihm nicht neu. Am Abend fahren die beiden zur Bubnowa und befreien die kleine Jelena, die der Erzähler erst einmal in seine Wohnung mitnimmt. Allmählich legt sie ihre Scheu ab und gewinnt ihren Gastgeber lieb. Sie nennt sich zwar Jelena, heißt aber Nelli, weil sie im Ausland aufgewachsen ist. Ihre Mutter, so erzählt sie, sei eine Russin gewesen und unlängst gestorben.

Der Fürst und wenig später auch sein Sohn erscheinen ein weiteres Mal bei Natascha. Beide haben ihre Meinung inzwischen gründlich geändert. Aljoscha schwärmt von seiner Braut und erzählt begeistert, Katerina habe ihn mit einem Kreis von Leuten zusammengebracht, wo über Literatur, Wissenschaft und Politik geredet wird, und sie habe zugesagt, sobald sie mündig werde, eine Million aus ihrem Vermögen dem Allgemeinwohl zu spenden. Der Fürst dagegen versucht mit Ironie, seinen Sohn in den Augen Nataschas lächerlich zu machen. Ihre zukünftige Ehe hält er nun doch für unsinnig, sie seien zu ungleich und sein

Sohn habe weder die Fähigkeit noch die Mittel, Natascha seine Liebe durch Taten zu beweisen. Natascha durchschaut die Taktik des Fürsten und wirft ihm vor, er habe sie beide von Anfang an trennen wollen. Mit der vorübergehenden Einwilligung zur Heirat habe er Aljoscha nur beruhigt, damit der sich ungestört seiner Braut Katja zuwenden könne. Sie fühlt, daß seine frühere Liebe zu ihr längst erloschen ist und daß er jetzt nur noch Reue und Dankbarkeit empfindet. Sie liebt ihn zwar immer noch, erkennt aber, daß sie gegen den Fürsten keine Chance hat, und gibt Aljoscha frei.

Zwischendurch berichtet der Freund aus der Petersburger Unterwelt, daß der Fürst ein Gauner und gerissener Betrüger sei. Er habe einen ausländischen Fabrikbesitzer kennengelernt, dessen Tochter verführt, mit ihrer Hilfe das Vermögen ihres Vaters an sich gebracht und sie dann mit einem Kind in Paris sitzenlassen. Allmählich wird die Geschichte von Jeremias Smith und seiner Enkelin in ihrer Beziehung zur Haupthandlung sichtbar.

Der Erzähler lernt Aljoschas Braut im Salon ihrer Stiefmutter kennen, einer dem Fürsten nahestehenden Gräfin. Katerina ist, wie er feststellt, keine Schönheit, wohl aber ein Wesen mit reinem Herzen, heiterem Gemüt und trotz ihrer kindlichen Unerfahrenheit ihrem Bräutigam an kritischem Geist überlegen. Im Anschluß an den Besuch im Salon der Gräfin speisen der Erzähler und Fürst Walkowski in einem Restaurant zu Abend. Bei reichlich Alkohol läßt der Fürst die Maske fallen. Die Konvention verhindere doch nur, daß wir alles sagen, was wir denken, er aber sei jetzt völlig aufrichtig. Es folgt eine Schlüsselstelle des Romans, ein weltanschaulicher Dialog, wie er in späteren Werken Dostojewskis häufig wiederkehren wird. In diesem Roman bestreiten die Unterhaltung ein armer Poet, den der Fürst ironisch mit Schiller vergleicht, und ein entwurzelte Aristokrat, der sich auf den Marquis de Sade beruft. Mit unbändiger Lust der Selbstenthüllung erzählt der Fürst von seiner Lasterhaftigkeit, seinem grenzenlosen Egoismus, seinem Ehrgeiz und seiner sexuellen Genußsucht. Aber es gibt auch leise Untertöne: in der Rede von der Sinnlosigkeit des Lebens, der geheimen Angst vor dem Tod (»Ich mag den Tod nicht und fürchte ihn. Weiß der Teufel, wie man noch wird sterben müssen«) oder vor dem Selbstmord (»Ich bin froh, daß ich ohne Blausäure auskommen kann«). Es ist indes ein ungleicher Kampf. Dem selbstsicheren Monolog des Zynikers vermag Iwan Petrowitsch nur den Protest einer reinen Seele entgegenzusetzen. Beiläufig erwähnt der Fürst auch seine einstige Affäre mit Nellis Mutter, anonym, versteht sich. Doch man kennt bereits die Zusammenhänge. Schließlich ein Ultimatum: Natascha müsse Aljoscha aufgeben, da er die Heirat seines Sohnes mit der reichen Katerina durchsetzen werde: »Ich liebe Geld und brauche es. Katja ist reich, und ihre Millionen werden mir gehören!«

Inzwischen ist die Abreise Aljoschas mit Katja aus Petersburg arrangiert. Vorher kommt es noch zu einer Aussprache der Rivalinnen. Die leidenschaftliche Natascha und die vernünftige Katerina stellen beide überraschend fest, das »Warum?« ihrer Liebe zu Aljoscha nicht beantworten zu können. Der charakterschwache, geistig unbedarfte und ganz vom Vater abhängige Fürstensohn tut ihnen eigentlich nur leid. Natascha versucht später, dem Ex-Freund Iwan Petrowitsch ihre zwiespältige und qualvolle Liebe zu erklären: Sie habe Aljoscha nicht wie einen Mann und ebenbürtigen Partner geliebt. Sie habe ihn besitzen wollen (»er gehörte mir und sollte außer mir niemanden ansehen oder kennen«). Dann die Qual, als er sie betrog, und der anschließende Genuß, ihm zu verzeihen (»je schuldiger er vor mir stand, um so besser!«). Vielleicht darf man sich Liebende überhaupt nicht als gleichgestellte Partner vorstellen? Verwirrende Fragen drängen sich der verlassenen Natascha auf, die nach der Trennung Zeit braucht, um wieder zu sich selbst zu finden.

Endgültig aufzuklären bleibt die Geschichte der, wie sich herausstellt, sterbenskranken Nelli. Sie ist inzwischen ein wenig älter geworden und geht auf Distanz zum Erzähler. In dem jungen Mädchen erwacht so etwas wie Liebe zu ihrem Beschützer. Gefühle von Eifersucht ihm gegenüber, weil er doch eigentlich Natascha liebt, und von Erbitterung gegen den alten Ichmenew, der seiner Tochter nicht vergeben will. Der aus trauriger

Erfahrung entstandene »Egoismus des Leidens« gewährt ihr einen besonderen Genuß, »den viele Erniedrigte und Beleidigte empfinden, die vom Schicksal niedergeworfen und sich der Ungerechtigkeit dessen bewußt sind«. Der Erzähler beruhigt das in seinen Gefühlen verunsicherte Mädchen und bringt es zu den Ichmenews. Hier erzählt sie noch einmal ausführlich ihre etwas verworrene Lebensgeschichte: Sie wurde im Ausland geboren. wohin die Mutter mit ihrem Geliebten gereist war, nachdem sie ihm geholfen hatte, das Vermögen ihres Vaters, eines englischen Unternehmers in Petersburg, an sich zu bringen. Danach läßt der Liebhaber, in dem der Leser längst den Fürsten Walkowski erkannt hat, Mutter und Kind im Stich. Beide kehren nach Petersburg zurück, finden aber keine rechte Bleibe und versinken im Elend. Jeremias Smith, der um sein Vermögen betrogene Engländer und Nellis Großvater, hat seiner Tochter bis zu ihrem Tod nicht verziehen.

Am Ende des Romans laufen die Fäden zusammen: Gerührt von Nellis Lebensgeschichte, vergibt der alte Ichmenjew seiner ins Elternhaus zurückgekehrten Tochter Natascha. Vor ihrem Tod übergibt Nelli dem Erzähler einen Brief ihrer Mutter, aus dem hervorgeht, daß sie mit dem Fürsten offiziell verheiratet war und Nelli mithin seine legitime Tochter ist. Die Ichmenjews verlassen Petersburg. Zurück bleibt der Erzähler, der seiner verlorenen Liebe nachtrauert und, wie wir aus der Einleitung schon wissen, die ganze Geschichte aufgeschrieben hat.

Der Spieler

In dem fiktiven deutschen Städtchen Roulettenburg, einem Kurort mit Spielcasino, wohnt in einem Hotel ein verwitweter russischer General mit seiner Schwester, seiner Stieftochter Polina und seinen beiden Kindern Mischa und Nadja. Außer dem Ich-Erzähler Alexej Iwanowitsch, der als Hauslehrer der Kinder angestellt ist, gehören zur Entourage des Generals die Pariser Kokotte Mademoiselle Blanche mit ihrer Mutter und ihr angeblicher Cousin, der Marquis des Grieux. Etwas abseits und eher in der Rolle eines Räsoneurs, der das Geschehen beobachtet und mitunter scharfsinnig kommentiert, hält sich der reiche Engländer Mr. Astley, der offenbar eine tiefe Zuneigung für Polina empfindet.

Was die genannten Personen miteinander verbindet, sind Geldprobleme und Liebesangelegenheiten. Der General ist unsterblich in Mademoiselle Blanche verliebt. Er hat sich vom Marquis Geld geliehen, Wechsel ausgestellt und dafür sein Gut verpfändet. Empört über dieses Verhalten, reist seine Schwester nach Karlsbad ab. Mademoiselle Blanche aber möchte unbedingt Generalin werden, allerdings nur unter der Bedingung, daß ihr künftiger Gatte bald zu eigenem Geld kommt. Auch die Stieftochter Polina hat Schulden, die sie begleichen möchte. Sie versetzt sogar ihre Brillanten und bittet den leidenschaftlich in sie verliebten Alexej, mit der erzielten Summe am Roulettisch für sie zu gewinnen. Überhaupt nimmt sie die Dienste des Hauslehrers gern in Anspruch, ohne – so hat es jedenfalls den Anschein – seine Gefühle zu erwidern. Alle aber warten sie auf das Ableben einer alten, sehr reichen Moskauer Tante, von deren Tod sich der General ein reiches Erbe verspricht.

Der Ort, an dem über Wünsche, Absichten und Pläne der

Familie entschieden wird, ist der Spielsalon. Aber nur Alexej, der Ich-Erzähler, entwickelt sich zu einer echten Spielernatur. Er war schon mit dem Vorsatz angereist, sein Leben zu verändern: »Ich wußte mit tödlicher Sicherheit, daß ich Roulettenburg nicht so verlassen, daß vielmehr hier etwas geschehen würde, was über mein Schicksal entschied.« Als Mann von Welt verachtet er zwar das Glücksspiel, hofft aber andererseits fest auf einen hohen Gewinn. Moralische Bedenken kennt er nicht: »Schließlich war das Spiel nicht schlechter als irgendeine andere Art Geldgewinn, als zum Beispiel – nun, sagen wir, der Gewinn im Handel.«

Er setzt Polinas Geld und gewinnt: »Da wäre es richtig gewesen, fortzugehen. In mir aber stieg etwas Seltsames auf. Ich glaube, es war das Verlangen, das Schicksal herauszufordern. Ich setzte und verlor. Das erregte mich, ich setzte alles, was ich bei mir hatte, auf dieselbe Zahl und verlor wieder. Wie betäubt verließ ich den Tisch.« Die Erregung und seine fieberhaften Überlegungen, wie sich die Gewinnchancen im voraus berechnen ließen – »In der Reihenfolge, in der die verschiedenen Farben und Zahlen gewinnen, liegt wirklich wenn nicht gerade ein System, so doch ein gewisser Anklang an eine Regel, was natürlich sehr seltsam ist« –, signalisieren eine Neigung, die er aus seiner nationalen Herkunft erklärt: Nach seiner Ansicht verstehen sich die Russen nicht auf eine langfristige Anhäufung von Reichtum nach dem Modell deutscher Sparsamkeit, sondern setzen eher auf einen unverhofften, zufälligen Reichtum, der den Besitzer unversehens aufwertet: »daß ich mit Geld in der Tasche ein ganz anderer Mensch und nicht mehr ein elender Sklave sein werde«. Dann wäre er in den Augen Polinas keine »vollständige Null« mehr, sondern könnte sein Liebesglück erkaufen, denn: »Geld bedeutet doch – alles!« Allmachtswünsche erfüllen ihn – »wilde grenzenlose Macht über ein Wesen, und sei es auch nur eine Fliege, ist doch ein ganz besonderer Genuß« – bis hin zu sadistischen Phantasien: »Ich werde Sie einfach töten«, gesteht er Polina, »nicht aus Eifersucht oder weil ich aufhöre, Sie zu lieben. Es hat mich schon mehr als einmal unwiderstehlich getrieben, Sie zu prügeln, Sie zu verstümmeln, zu erwürgen.«

Die eigentliche Handlung des Romans wird durch einen lächerlichen Eklat in Gang gesetzt. In einer momentanen Laune fordert Polina den verliebten Freund auf, die Kurgäste Baron und Baronin Wurmerhelm auf ihrem Spaziergang zu brüskieren. Alexej zögert keinen Augenblick und tritt den Wurmerhelms auf der Promenade entgegen: »›Madame la baronesse‹, sagte ich laut, jede Silbe markant aussprechend, ›j'ai l'honneur d'être votre esclave.‹« Empört und erschrocken wendet sich das Ehepaar ab und sucht das Weite. Die Szene hat indes ein Nachspiel. Der Baron beschwert sich beim General, der seinen Hauslehrer sofort entläßt. Als dieser droht, er werde ihn zum Duell fordern, bittet der plötzlich kleinlaute General, davon abzusehen. Auch der Marquis schließt sich der Bitte an, und selbst Polina beschwört ihren Freund, das Ganze auf sich beruhen zu lassen. Man will um jeden Preis einen Skandal vermeiden. Das hat seinen Grund: Vorzeiten war Mademoiselle Blanche in Roulettenburg als Mademoiselle Selma aufgetaucht und war am Spieltisch den Baron ungeniert um Geld für ihren Einsatz angegangen. Auf eine Beschwerde der Baronin war Selma von der Polizei des Saales verwiesen worden. Bei ihrem aktuellen Auftritt als Mademoiselle Blanche in Begleitung des Marquis ist die einstige Selma an keinem neuerlichen Skandal interessiert und mit ihr weder der in sie verliebte General noch der Marquis und – aus noch zu klärenden Motiven – auch nicht Polina.

Da geschieht etwas völlig Unvorhergesehenes. Alexej traut seinen Augen nicht, als er plötzlich auf der Freitreppe des Hotels die Moskauer Erbtante erblickt: »Ja, das war sie selbst, die Dame, die schon im Sterben lag und doch nicht starb, deretwegen so viele Depeschen empfangen und aufgegeben worden waren und die nun plötzlich wie ein Blitz aus heiterem Himmel in höchst eigener Person bei uns erschien.« Die alte Gutsbesitzerin ruft ihn zu sich und macht sich mit ihm auf den Weg zu ihrer Verwandtschaft. Als sie im Empfangszimmer des Generals erscheint, erstarrt die ganze Gesellschaft, die gerade zu einem Ausflug aufbrechen wollte. Der General ist wie gelähmt, und auch die anderen empfinden ihr unerwartetes Auftauchen als reine Katastrophe.

Madame la générale Princesse de Tarassewitschew gehört sogleich zu den bevorzugten Gästen des Hotels und des ganzen Kurorts. Wie im Triumphzug begibt sie sich zum Spielcasino, gefolgt von ihrem Neffen und dessen Anhang. Trotz des üblichen Gedränges gelangt man ungehindert zu einem der Spieltische. Eine fünfundsiebzigjährige Dame, die trotz halbseitiger Lähmung noch zu spielen wünscht – das ist schließlich nichts Alltägliches. Die Alte läßt sich das Spiel erklären, beginnt zu setzen und gewinnt. Der sie beratende Alexej fiebert mit: »Meine Hände und Beine zitterten, in meinem Gehirn hämmerte es.« Nach einigen Runden, bei denen sie viel Geld gewinnt, verläßt die Alte das Casino. Freimütig gibt sie den sie bedrängenden Bettlern von ihrem Gewinn ab und beschenkt auch ihre Dienerschaft. Der General steht vor einem neuen Problem: Vielleicht würde die Tante in den nächsten Tagen ihr ganzes Vermögen verspielen. Auch hatte sie schon angedeutet, ihm kein Geld geben zu wollen. Was konnte man dagegen tun? Vergeblich bittet er Alexej, die Alte vom Spiel fernzuhalten. Am nächsten Tag verliert sie bereits hohe Summen und beschließt, nach Moskau zurückzukehren. Bei ihrem allerletzten Ausflug an den Spieltisch verliert sie schließlich alles, was sie bei sich hat, und reist unverzüglich ab.

An dieser Stelle macht der Erzähler einen zeitlichen Sprung: »Nun ist schon fast ein ganzer Monat vergangen, seit ich diese meine Aufzeichnungen nicht mehr fortgesetzt habe. Die Katastrophe, deren Herannahen ich damals vorausfühlte, trat wirklich ein, nur geschah es noch hundertmal überraschender und umwälzender, als ich erwartet hatte.« In einer Rückwendung berichtet er zunächst ausführlich von den letzten Stunden der Alten im Spielsaal. Sie verlor, gewann, verlor weiter, blieb aber am Spieltisch sitzen. Ohne Erfolg versuchte der General, sie wegzulocken. Sollte man sie vielleicht unter Kuratel stellen? Sie von der Polizei unschädlich machen lassen? Als es den Anschein hat, daß das erhoffte Erbe am Spieltisch verlorengeht, packt Mademoiselle Blanche ihre Koffer für die Rückreise nach Paris. Auch der Marquis plant seinen Abgang, zumal auch er nach dem Besuch der alten Dame vom General kein Geld mehr erwartet.

Inzwischen versucht Alexej, seine Liebe zu beweisen. Um Geld für Polina aufzutreiben, begibt er sich in den Spielsaal und kehrt bald darauf mit einem unerwartet hohen Gewinn von hunderttausend Gulden zurück. Als er Polina die von ihr benötigte Summe anbietet, weist sie ihn zurück: »Wie eine Irre war sie. ›Kauf mich! Willst du? Für fünfzigtausend Franken, wie des Grieux!‹ stieß sie plötzlich unter krankhaftem Schluchzen hervor.« Doch bleibt sie die Nacht über bei ihm. Am Morgen nach dieser ersten und einzigen Liebesnacht zeigt sie Alexej erneut ihre Verachtung, wirft ihm seinen Geldpacken an den Kopf und verschwindet. Offensichtlich, so überlegt er, hatte sie eine Affäre mit dem Marquis und war ihm Geld schuldig geblieben, das sie unbedingt zurückzahlen wollte. So war verletzter Stolz die Ursache für ihre Hysterie, ihren Hochmut und ihre Verzweiflung? Nachträglich analysiert der Erzähler auch sein eigenes Verhalten: »Ich schwöre es: Polina tat mir wirklich leid, doch seltsam – von dem Augenblick an, als ich an den Spieltisch getreten war und das Geld nur so zusammengescharrt hatte, war meine Liebe gewissermaßen zurückgetreten. Das sage ich allerdings jetzt: damals aber war mir all das durchaus nicht so klar. Oder sollte ich wirklich ein Spieler sein, sollte ich wirklich?« Die neurotische, niemals zu befriedigende, ewige Lust am Spiel hatte seine Liebe zu Polina bereits verdrängt.

Mit Polinas Verschwinden löst sich die Familie des Generals endgültig auf. Wieder geschieht etwas Ungewöhnliches: Mademoiselle Blanche überredet Alexej, mit ihr nach Paris zu fahren, um dort in ihrer Gesellschaft seinen Gewinn auszugeben: »Ich kann nicht behaupten, daß ich fröhlich war. Mein Leben brach auseinander, doch seit der letzten Nacht hatte ich mich daran gewöhnt, *va banque* zu spielen. Es schien mir, daß sich nur die Dekorationen für kurze Zeit veränderten.« Von seinem Geld mietet Mademoiselle Blanche in Paris eine Wohnung, schaffte Equipagen und Pferde an, arrangiert Bälle und zeigt sich mit ihm in der Öffentlichkeit. Aber Alexej ist nicht zu beeindrucken: »Ich war dabei ständig traurig gestimmt – dann war es auch so furchtbar langweilig. Ich lebte in einem bourgeoisen, echt spießerhaften Milieu.« Sobald das Geld aufgebraucht ist, werde er nach Bad Homburg fahren und wieder gewinnen. Auch der General erscheint plötzlich in Paris. Er ist überglücklich, als Mademoiselle Blanche ihn endlich heiratet. Nur manchmal wird er traurig, spricht vom Militärdienst und von seiner verstorbenen Frau, von seinem Gut und dem früheren Hausstand. Mademoiselle Blanche aber ist jetzt »Madame la générale Sagorjanski oder Sagosjanski? ces diables de noms russes!«. Der Erzähler, dessen Spielgewinn bald aufgebraucht ist, kehrt nach Deutschland zurück, diesmal nicht nach Roulettenburg, sondern nach Bad Homburg, gilt es doch als schlechtes Omen, wenn man zweimal an ein und demselben Tisch sein Glück versucht.

Wieder vergehen über anderthalb Jahre. Verarmt und voller Ekel über sein Leben, reflektiert Alexej seine Spielerexistenz: »Aber was bin ich jetzt: *Zéro*. Und was kann ich morgen sein? Morgen kann ich von den Toten auferstehen, kann den Menschen in mir retten, bevor er endgültig verloren ist.« *Zéro* wird zum Schlüsselwort, das den absoluten Nullpunkt, die Nichtigkeit seiner Existenz, aber auch den Ausgangspunkt zu neuem Gewinn und neuem Leben bedeutet – die Tante hatte mehrmals auf *Zéro* gesetzt und überraschend gewonnen! *Zéro* steht für das Schicksal, das der Spieler herausfordert, für den unerforschlichen Zufall von Gewinn und Verlust, dem er sich ausliefert.

Inzwischen hat er in vielen Casinos gespielt und war sogar im Gefängnis. Dabei geht es ihm gar nicht mehr ums Geld: Er verliert oder gewinnt, und er beobachtet das Spiel, »mit welchem Zittern, mit welchem atemberaubenden Herzklopfen horche ich auf den Ruf des Croupiers: Trente et un, Rouge, Impair et Passe, oder: Quarte, Noir, Pair et Manque! Mit welcher Gier starre ich auf den grünen Tisch, auf dem Louisdore, Friedrichsdore und Taler herumliegen.« Eine Sucht, die ihn unvermeidlich in den Ruin treibt. In Bad Homburg versucht er, sich zu beherrschen und nur kleinste Einsätze zu wagen. Eines Tages begegnet er Mr. Astley und erfährt von ihm, Polina sei lange Zeit krank gewesen und lebe jetzt, durch das Erbe der inzwischen verstorbenen Tante finanziell versorgt, in der Schweiz, um ihren Geschwistern eine angemessene Ausbildung zu sichern. Der General sei ebenfalls gestorben, habe aber noch zu Lebzeiten sein Erbteil der neuen Generalin und einstigen Mademoiselle Blanche überschrieben. Dann überraschend die Mitteilung, Polina habe ihn, Mr. Astley, beauftragt, sich in Bad Homburg nach ihm zu erkundigen: »Ja, Sie unglücklicher Mensch, sie liebte Sie! Das kann ich Ihnen jetzt mitteilen, weil Sie ja doch schon ein – verlorener Mensch sind.«

Der Vorwurf des Engländers trifft indes nicht ganz zu. Aus den Aufzeichnungen Alexejs ist am Ende ein Roman geworden, in dem er als Ich-Erzähler nicht nur die Entstehung einer Spielermentalität darstellt, sondern darüber hinaus die »Regeln« des Glücksspiels, den Zufall und die Unvorhersehbarkeit von Gewinn und Verlust, auf das Leben und seine Unwägbarkeiten überträgt. Nach der Strafpredigt von Mr. Astley beschließt Alexej, sogleich in die Schweiz zu reisen. Nur das nötige Geld dafür muß er erst noch im Spiel gewinnen: »Morgen, morgen wird alles ein Ende haben!«

Winteraufzeichnungen über Sommereindrücke

Diese Aufzeichnungen eines russischen Reisenden über seine europäischen Eindrücke sind keine Reisebeschreibung, sondern ein teils ironischer, teils bitterböser Traktat zum Thema »Rußland und der Westen«. Das erfährt man bereits aus der Einleitung: Abgesehen davon, so beginnt der Ich-Erzähler, daß er den russischen Lesern, denen Europa inzwischen bestens bekannt sei, nichts Neues mehr bieten könne, sei er auch unfähig, wahrheitsgetreu zu berichten. Zwar sei er viel herumgekommen, habe in zweieinhalb Monaten eine Menge europäischer Städte besichtigt, aber nicht die Zeit gehabt, genauer hinzusehen. Zu sehr sei er von den Umständen abhängig gewesen, vom Wetter und von seiner Gesundheit (»ich bin ein kranker, leberleidender Mensch«). Berlin zum Beispiel habe ihm überhaupt nicht gefallen, nicht einmal die berühmten Linden hätten ihn beeindruckt. Und der Kölner Dom habe wie ein Reiseandenken ausgesehen, »das nur aus Spitzen und Spitzen und nichts als Spitzen bestand, oder wie irgend so ein Ding, das als Briefbeschwerer auf den Schreibtisch zu stellen ist, allerdings von guten siebzig Faden Höhe«. Europa als eine Ansammlung zufälliger Eindrücke im Kopf eines russischen Touristen.

Schon während der Fahrt denkt der Erzähler an »unser russisches Europa« und fragt sich, warum Europa die Russen so bezaubert? »Sind wir denn überhaupt und wirklich Russen? Ist doch alles, entschieden fast alles, was es bei uns an Entwicklung, Wissenschaft, an Kunst, Bürgersinn, Menschlichkeit gibt, von dort hergekommen, alles aus ebendiesem ›Land der heiligen Wunder‹!« Eigentlich hätten sich die Russen längst in Europäer verwandeln müssen. Den Dichter Puschkin hat möglicherweise Arina Rodionowna, seine Kinderfrau aus dem Volk, davor bewahrt. Und die neuerliche Slawophilie? Ist schließlich auch nicht vom Himmel gefallen.

Im Coupé des Nachtzuges nach Paris sitzen ein russisches Ehepaar auf dem Weg nach London zur Weltausstellung, ein Petersburger Handlungsreisender und ein Vollblutengländer. »Bald schliefen alle ein. Das Pfeifen und Stampfen des Zuges trieb einen unwiderstehlich in den Schlummerzustand.« Der Erzähler vertieft sich wieder in die Geschichte: Russische Schriftsteller des 18. Jahrhunderts im französischen Samtrock, mit baumelndem Degen haben sich gern patriotisch und mit Bibelzitaten vom Westen abgegrenzt. Andere haben aus Nationalstolz sogar Bauerntracht angelegt, die eher einem Opernkostüm glich, so daß sich die Bauern über die seltsame Verkleidung wunderten. Wieder andere spielten sich als vollendete Europäer auf, um beim Volk Achtung zu erlangen. Wie aber hat sich Europa in Rußland nun tatsächlich widergespiegelt? Seit dem 18. Jahrhundert waren die Franzosen in Mode, erwartete man von ihnen doch etwas Großes im Dienst an der Menschheit. Aber bei aller Begeisterung für Paris und die Lektüre französischer Anekdoten aus der Zeit Ludwigs XIV. blieb im 18. Jahrhundert noch alles beim alten: Nachdem man das Buch aus der Hand gelegt hatte, »verfuhr man ebenso wie früher mit dem Hofgesinde, beherrschte wie früher patriarchalisch die Familie, prügelte wie früher im Pferdestall den benachbarten Gutsbesitzer, wenn er frech wurde, log und betrog vor der Obrigkeit genauso wie ehedem«. Die europäische Maskerade hat den russischen Landadligen wenig verändert. Im 19. Jahrhundert paßt man sich dem westlichen Lebensstil jedoch immer mehr an: »Wir sind jetzt dermaßen zivilisiert, dermaßen Europäer, daß sogar dem Volk bei unserem Anblick übel wird. Jetzt hält uns das Volk bereits ganz und gar für Ausländer, versteht kein Wort, kein Buch, keinen Gedanken von uns. Und wir verachten jetzt das Volk schon mit einem nie dagewesenen Ekel.« In der neuesten Presse erscheinen Artikel über seine barbarischen Bräuche, die mit der europäischen Zivilisation der russischen höheren Gesellschaft unvereinbar seien.

Die zivilisierten Russen reisen jetzt scharenweise nach Europa und stürzen sich, den Reiseführer stets zur Hand, gierig auf alle Sehenswürdigkeiten: »Sie gaffen das Mastfleisch eines Rubens an und glauben gehorsam, das seien die drei Grazien, weil der ›Führer‹ so zu glauben befiehlt. Sie stürzen zur *Sixtinischen Madonna* und stehen vor ihr in stumpfer Erwartung. Jetzt wird gleich etwas geschehen. Und sie gehen weg, verwundert, daß nichts geschehen ist.« Nicht zu reden von den Emigranten, die längst ihre Muttersprache vergessen haben und inzwischen katholischen Patres nachfolgen. »Man liebt bei uns nun einmal den Westen, liebt ihn eben, und im äußersten Fall, daß heißt, wenn es zur Entscheidung kommt, fahren alle dorthin. Nun ja, auch ich fahre jetzt hin. ›*Mais moi c'est autre chose.*‹«

In Paris angekommen, tut der Verfasser sogleich kund, daß er dem »wahrscheinlich gut informierten Leser, der sicher selbst schon in Paris gewesen ist«, nicht viel von der Stadt erzählen werde. Allgemein aber trifft auf Paris zu: »Es ist die sittlichste und tugendhafteste Stadt auf dem ganzen Erdenrund. Alle sind hier vollkommen zufrieden und wirklich glücklich, und auf diesem Punkt sind sie stehengeblieben. Und was für ein Komfort, welch eine Ordnung. Verstehen Sie mich nicht falsch: ich meine hiermit weniger ein äußeres Reglement, das belanglos wäre, sondern die kolossale innere, geistige, aus der Seele hervorgehende Vorschriftsmäßigkeit.« Dagegen ist London – der englischen Hauptstadt wird zwischendurch ein besonderer Exkurs gewidmet – eine riesenhafte Stadt voller extremer Gegensätze. Ganz gegen seine Gewohnheit läßt sich der Erzähler zu einer expressiven Schilderung hinreißen: »Diese Tag und Nacht hastende und wie ein Meer unendliche Stadt, das Gepfeif und Geheul der Maschinen, diese über den Häusern und bald auch unter ihnen hinjagenden Eisenbahnen, diese Dreistigkeit des Unternehmungsgeistes, diese scheinbare Unordnung, die im Grunde die bourgeoise Ordnung in höchster Entwicklung ist, die vergiftete Themse, diese mit Kohlenstaub durchsetzte Luft, diese großartigen Squares und Parks, die unheimlichen Stadtviertel wie Whitechapel mit ihrer halbnackten, wilden und hungrigen Bevölkerung, die City mit ihren Millionen und dem Welthandel, der

Kristallpalast, die Weltausstellung.« London macht den Eindruck eines gut funktionierenden Ameisenhaufens. Die Beschreibung gipfelt in biblischen Vergleichen: »Ist das nicht doch schon die verwirklichte ›*eine* Herde‹ der Weissagung? Ein biblisches Bild, etwas von Babylon, eine Prophezeihung aus der Apokalypse, die sich leibhaftig verwirklicht hat?« In London kann man die Masse in einem Maßstab und in einer Umgebung sehen wie sonst nirgends auf der Welt. Zum Beispiel Hay-Market bei Nacht: Ein Stadtteil der Prostitution, von Gaslicht erhellte Straßen, lange Reihen prunkvoller Cafés mit Riesenspiegeln und goldstrotzenden Verzierungen. Drinnen eine sonderbar zusammengesetzte Menge: alle Lebensalter, Menschen in glänzenden, kostbaren Gewändern neben zerlumpten Gestalten ...

»Aber was ist das denn? Ich bin schon wieder nicht in Paris! Herrgott, wann werde ich mich endlich an Ordnung gewöhnen.« Der Erzähler wendet sich wieder der französischen Hauptstadt zu. In dem nun folgenden »Versuch über den Bourgeois« charakterisiert er das Pariser Leben anhand der operettenhaften Scheinwelt des Second Empire. »Der Bourgeois ist König, ist überhaupt alles, *le tiers état c'est tout*. – Ja, aber warum versteckt er sich dann so hinter dem Kaiser Napoleon?« Der Bourgeois winkt ab, wenn man ihn an die Vergangenheit erinnert. Er lebt jetzt in einer Welt offizieller Konventionen, die von der Regierung vorgegeben und von Journalisten, Literaten und Stückeschreibern reproduziert werden. Betrachtet man das allabendlich im großen Hof des Palais Royal sich bietende Bild, möchte man Tränen der Rührung vergießen: Unzählige Ehemänner mit ihren unzähligen Ehefrauen gehen in der milden Abendluft spazieren, ringsum ihre spielenden Kinderchen. Dazu plätschert ein Springbrünnlein, und sein eintöniges Rauschen erinnert an etwas Ruhiges, Stilles, Tagtägliches, Beständiges, Heidelbergisches. »Fürwahr ein sonderbarer Mensch ist dieser Bourgeois: da erklärt er unumwunden, daß Geldbesitz die höchste Tugend und Menschenpflicht sei, und dabei liebt er es, sich zugleich als den edelsten der Menschen aufzuspielen.« Selbst der letzte Kommis kennt nichts als unerschütterlichen Stolz und Edelmut. Der Reisende gehe nur in einen Laden, um eine Kleinigkeit für zehn Francs zu kaufen. Man empfängt ihn wie den Lord Devonshire in eigener Person und breitet vor ihm Waren für Zehntausende von Francs aus. Und der Verkäufer mit dem edlen Aussehen eines Adonis oder Wilhelm Tell erdrückt ihn mit seinem Charme, so daß er am Ende für hundert Francs einkauft und sich dabei noch irgendwie schuldig fühlt.

Aber der Bourgeois ist beunruhigt. Wen fürchtet er? Die Arbeiter? Das sind doch letztlich auch Besitzer. Die Landbevölkerung? Der französische Bauer ist der Erztypus des Besitzenden. Die Kommunisten oder Sozialisten? Die sind inzwischen gescheitert. Hatte nicht Sieyès prophezeit, daß der Bourgeois *alles* sein werde? Der Fall ist eingetroffen, dazu untermauert durch die Formeln *liberté, égalité, fraternité*. Aber wann ist man frei und kann tun, was man will? Wenn man eine Million hat! Gleichheit vor dem Gesetz? Für den heutigen Franzosen nahezu eine Beleidigung. Bleibt die Brüderlichkeit, das kurioseste Kapitel. In der französischen Natur, ja, in der westeuropäischen überhaupt hat sich Brüderlichkeit nie gezeigt, statt ihrer herrscht »das Prinzip des Individualismus, der betonten Selbsterhaltung und Selbstbehauptung des eigenen Ich und die Tendenz, dieses Ich der ganzen Natur und allen übrigen Menschen entgegenzustellen«. Gegen den westlichen Individualismus setzt der Erzähler sein eigenes Verständnis von Brüderlichkeit als einem »freiwilligen und vollkommen bewußten Opfer seiner selbst zugunsten aller«. Eine solche Brüderlichkeit entsteht aus innerster Überzeugung und läßt sich nicht künstlich herstellen oder gar berechnen, wie die Sozialisten glauben. Zustande käme nur das Bild eines Ameisenhaufens: »Alle Ameisen sind satt und glücklich, jede Ameise kennt ihre Aufgabe.«

Der Pariser Bourgeois läßt sich jedenfalls auf solche Theorien gar nicht erst ein. Nach 1848 der alleinige Sieger, kann er nun vor der Welt »in großartiger Haltung als Fleischwerdung der letzten Schönheit und menschlichen Vollkommenheit posieren«. Aber wenn man alles erreicht hat, wird es schwer, alles zu verlieren – »eine etwas verwirrende Lage, aus der ihn Napoleon III. befreite, ein Geschenk des Himmels und der einzige Ausweg«. Der Bourgeois bedankt sich mit Unterwürfigkeit: »Das Lakaientum frißt sich in die Natur des Bourgeois immer mehr hinein und wird immer mehr für eine Tugend gehalten. Der Franzose liebt es, sich vor den Augen der Obrigkeit auszuzeichnen, ihr ganz uneigennützig einen Dienst zu erweisen.«

Man ist stolz auf die Zeit Ludwigs XIV., eines Herrschers ganz nach französischem Geschmack. Nach einigen Unregelmäßigkeiten am Ende des 18. Jahrhunderts ist man inzwischen zum alten Geist zurückgekehrt. Aber man darf jetzt seine Meinung sagen. Napoleon III. hat auch die klassische Redekunst wiedereingeführt. Die liberalen Redner in den gesetzgebenden Körperschaften dürfen schwätzen, zumal dafür gesorgt ist, daß sie es nicht zu weit treiben. Jeder weiß selbst, daß »dieses ganze Reden nur ein Zeitvertreib ist, ein Zeitvertreib und weiter nichts, ein harmloses Spiel, eine Maskerade, und trotzdem redet er und redet mit großem Vergnügen. Schön spricht der Mann, so wird man sagen: aber ungeachtet dessen, meine Herren, ist die Rede des verehrten Herrn Redners aus gewissen höheren Erwägungen zu nichts nütze.« Abends gehen dann alle mit ihren Gattinnen im Garten des Palais Royal spazieren und lauschen dem wohltuenden Geplätscher der Springbrünnlein. Kurz, die Ordnung ist fabelhaft. Das Schönreden gilt übrigens nicht nur für die Politik, sondern auch für die Justiz. Man denke an den berühmten Rechtsanwalt Jules Favre, der mit wahren Perlen der Redekunst nur so um sich streut. Und es gilt ebenso für den Museumsführer im Panthéon, einen vor Alter zitternden Invaliden, der vor den Besuchern in hochtrabender Rede die Särge von Voltaire, Rousseau und Marschall Lannes kommentiert.

Der Bourgeois sagt nicht *»ma femme«*, sondern vornehmer *»mon épouse«*. Will er gefühlvoll sein oder sie betrügen, nennt er sie *»ma biche«*, und sie tituliert ihn in Augenblicken graziöser Tändelei *»bribri«*. Die Ausdrücke *Mabisch* und *Bribri* sollen musterhafte Tugend und Eintracht suggerieren, einen paradiesischen Zustand der Gesellschaft. Die nach außen tugendhafte Ehe verdeckt vor allem handfeste Geldinteressen, »Liebesheiraten werden immer unmöglicher und gelten fast schon als unanständig«. Die Liebhaber der Ehefrauen werden toleriert, solange sie unsichtbar bleiben. Im Notfall, wenn *Bribri* die Liebenden *en flagrant délit* ertappt, darf er sie beide totschlagen, ohne bestraft zu werden. Äußerlich ist *Mabisch* eine Königin: »Sie wird geputzt, behandschuht, auf die Promenade geführt und spazierengefahren; sie tanzt und nascht Zuckerwerk.« Genaugenommen lebt sie jedoch wie ein Kanarienvogel. »Aber dafür – wie kleiden sie sich, wie verstehen sie auf der Straße zu gehen. *Mabisch* ist manieriert, geziert, in allem unnatürlich, aber gerade das ist es ja, was die Männer fasziniert.« Gefragt ist die Kunst, Gefühl und Natürlichkeit vorzutäuschen. Letztlich ist es egal, ob echte Liebe oder gute Nachahmung. »Nimm Geld und betrüge, das heißt: täusche Liebe vor«, das wird von der Kamelie wie von der Gattin verlangt.

Zeigt sich der schöne Schein des europäischen Lebens, der die Russen so fasziniert, vor allem in Paris, so spiegelt sich die moralische Ordnung der westlichen Gesellschaft am ehesten auf der Bühne des Pariser Boulevardtheaters, im Vaudeville und im Melodrama. Die Stücke sind apolitisch, der Bourgeois geht immer als Sieger hervor und zum *happy end* gehört ein möglichst großer Geldgewinn.

Ein Wort zur Rolle des Liebhabers: Früher war *Gustave* vornehmlich Künstler, ein verkanntes Genie, ungerecht verfolgt und gequält. Die Frau Vicomtesse, nach außen unnahbar, verzehrt sich heimlich nach ihm und möchte ihn mit ihrer Pflegetochter *Cécile* verheiraten. Als *Gustave* mit seiner Malerei endlich Erfolg hat, weigert er sich stolz, seine Bilder durch den Verkauf zu entwerten. Die Vicomtesse aber überredet ihn weiterzuarbeiten, und er errät, daß sie ihn liebt. Nun akzeptiert er auch das Geld für seine Bilder und heiratet *Cécile*. Die Vicomtesse kehrt auf ihr Gut zurück, und der inzwischen verheiratete Künstler geht abends mit *Mabisch* und den Kindern am tugendhaften Springbrünnlein spazieren. *Gustave* kann auch ein Waisenknabe sein, der plötzlich eine reiche Erbschaft macht. Millionen gehören ihm, aber er lehnt das Erbe zunächst ab. Madame Beauprét, die insgeheim in ihn vernarrte Gattin des Bankiers, bei dem er angestellt ist, intrigiert gegen ihn und erklärt ihm dann, er müsse unbedingt die ihn liebende *Cécile* retten. Am Schluß akzeptiert er seine Millionen und heiratet *Cécile*. Madame Beauprét bleibt ihrem Gatten treu, und *Gustave* spaziert mit Frau und Kindern am tugendhaften Springbrünnlein. Oder *Gustave* wird durch eine Militärperson verkörpert, einen aktiven Offizier, der das Band der Ehrenlegion trägt, das »mit eigenem Blut erkauft« ist. Er ist stolz auf seinen Orden und »l'épée de mon père« (den Degen meines Vaters) und hat natürlich keinen Sou. Mutig erschießt er einen Verleumder *Céciles*, der sie verführen wollte, und begreift endlich, daß *Cécile* ihn liebt und Madame nur aus heimlicher Liebe zu ihm sich so abweisend verhalten hat. Der Offizier verflucht das Geld, heiratet aber die plötzlich sehr reich gewordene *Cécile*. Der Bankier verzeiht seiner Frau die letztlich harmlose Gefühlsverwirrung. Dann kommt das Geplätscher des Springbrünnleins usw. usw. »Bribri und Mabisch verlassen das Theater vollkommen befriedigt, beruhigt und getröstet. *Gustave* begleitet sie, und während er Mabisch in den Wagen hebt, küßt er ihr heimlich das Händchen. Kurz, es verläuft alles, wie es sich gehört.«

Aufzeichnungen aus dem Untergrund

In einem ironisch-sarkastischen Plauderton und scheinbar ohne jede gedankliche Ordnung legt der Ich-Erzähler, ein pensionierter Beamter, der sich in seine Petersburger Souterrain-Wohnung zurückgezogen hat, seine Lebensansichten dar und berichtet anschließend aus seinen Erinnerungen. Sein Vortrag richtet sich an ein fiktives Publikum und oszilliert zwischen einem philosophischen Essay und der ungebremsten Selbstdarstellung einer neurotisch gestörten Beamtenseele. Im Gegensatz zu Rousseau, der sich in seinen »Bekenntnissen« als »einen Menschen in aller Wahrheit der Natur« beschreibt, verneint Dostojewkis Untergrund-Mensch alle nur möglichen Zugänge zur Wahrheit und zur Natur und verleugnet auch sich selbst: »Ich bin ein kranker Mensch. Bin ein schlechter Mensch. Bin ein abstoßender Mensch.« Auch ein bösartiger Beamter will er gewesen sein. Diese Einleitung ist in einer momentanen Laune formuliert, denn wenig später heißt es: »Das habe ich übrigens vorhin gelogen, daß ich ein böser Beamter gewesen sei. Aus Bosheit hab ich's gelogen.« Er ist sich seiner selbst nicht sicher: »Ich verstand es nicht, böse zu werden, ich verstand überhaupt nichts zu werden: weder böse noch gut, weder ehrlich noch schlecht, weder Held noch Insekt.«

Einen bestimmten Charakter habe nur, wer aktiv handelt. Der kluge Mensch des 19. Jahrhunderts hingegen sei zwangsläufig charakterlos, ein ewiger Reflektierer, der es zu nichts bringen kann. Man lebt ständig im Widerspruch mit sich selbst: einerseits fähig, alles ›Schöne und Erhabene‹ zu begreifen, aber zur selben Zeit auch bereit, allerlei widerliche Sachen anzustellen. Wird man sich dieses Widerspruchs bewußt, beginnt man natürlich, sich zu schämen, »bis sich die Bitterkeit schließlich in eine schändliche und verfluchte Süße verwandelt und zu guter Letzt – in entschiedenen echten Genuß. Der Genuß besteht hier in einem überaus klaren Bewußtsein der eigenen Gemeinheit.« Aus dieser Erkenntnis gibt es keinen Ausweg. Deshalb ist auch alle Erkenntnis, die über das praktische Leben hinausgeht, schädlich: »Allzuviel erkennen ist Krankheit«, vor allem in Petersburg, »der abstraktesten und vorsätzlichsten Stadt der Welt«.

Angenommen, jemand will sich spontan für eine Beleidigung rächen und »schießt wie ein wild gewordener Stier mit gesenkten Hörnern auf das Ziel los«. Nur eine Mauer kann ihn dann noch zum Stehen bringen. Für normale und aktive Menschen hat so eine Mauer stets »etwas Beruhigendes, moralisch Entschiedenes und Endgültiges, meinetwegen sogar etwas Mystisches«. Ein Mensch mit höherem Bewußtsein hingegen sieht das ganz anders: Vor der Mauer wird er unsicher, fühlt die eigene Winzigkeit und hält sich schließlich für eine Maus. »Und die Hauptsache: *er selbst, er selbst* hält sich für eine Maus; freiwillig, niemand bittet ihn darum.« Die Maus beschuldigt sich, wenn sie gar nicht schuld ist, sie vergeht vor Mitleid mit sich selbst. Dazu die ewige Reue und die ewigen Vorsätze, besser zu werden. Wenn man diese Maus beleidigt, dann gerät sie zwar in Wut, wird unglücklich, peinigt sich aber mit eigenen Zweifeln und Fragen dermaßen, daß die normalen Menschen, »die als Richter und Diktatoren sie in feierlichem Kreis umstehen, aus vollem und gesundem Halse über sie lachen«. Dann zieht sie sich zurück in eine kalte, giftige Bosheit. »In dieser kalten Halbverzweiflung, in diesem Sich-vor-Leid-lebendig-Begraben im Keller, in dieser Aussichtslosigkeit der Lage, in diesem Gift unbefriedigter Wünsche, in diesem Fieber des Schwankens zwischen auf ewig gefaßten und nach einer Minute wieder aufgegebenen Entschlüssen – darin liegt der Saft des sonderbaren und feinen Genusses, von dem ich sprach.« Die normalen Menschen finden sich mit der steinernen Mauer ab wie mit den Naturgesetzen und der Mathematik: »›Na hören Sie mal!‹ wird man Ihnen zurufen, ›dagegen gibt es keine Auflehnung, das ist doch so klar, wie zwei mal zwei vier ist. Sie müssen die Natur so nehmen, wie sie ist, und folglich auch alle ihre

Gesetze nebst allen Resultaten. Die Mauer bleibt eben eine Mauer‹ usw. usw.«

Wer aktiv handelt, braucht Charakter und darf keine Zweifel haben. Aber wo finde ich für mein Handeln einen sicheren und zweifelsfreien Ausgangspunkt? »Ich übe mich im Denken, und folglich zieht bei mir jeder Urgrund sofort einen anderen, noch älteren hinter sich her, und so geht es weiter bis in die Unendlichkeit.« Daher fehlt einem klugen Menschen mit höherem Bewußtsein nicht nur Charakter, ihm fehlt auch jedes besondere Merkmal, jede *positive* Eigenschaft, und sei es – nur so als Beispiel – Faulheit: »Ein Faulpelz – aber das ist doch ein Beruf, eine Karriere, ich bitt' Sie!« Oder man gilt als Fachmann für alles ›Schöne und Erhabene‹. Jede Gelegenheit würde man nutzen, auf das ›Schöne und Erhabene‹ zu trinken, auf einen Künstler oder einen Schriftsteller. Dann würde man auch geachtet. »Aber das sind ja alles bloß goldene Träume.«

Es heißt, der Mensch begehe seine Untaten nur in Unkenntnis seiner wahren Interessen. Wenn man ihn über seinen wahren Vorteil aufklärt, dann wird er nur im Guten seinen Vorteil erkennen und *nolens volens* immer nur Gutes tun. Aber was ist Vorteil? Wohlleben, Reichtum, Freiheit, Ruhe und so weiter. Um ihn sich zu verschaffen, braucht man zweierlei: Kultur und Vernunft. So glaubt man, die Kultur würde die Menschen bessern, doch darin liegt ein Trugschluß: Die Kultur differenziert nur die Empfindungen, und das ist alles. Die raffiniertesten Blutvergießer waren fast ausnahmslos die zivilisiertesten Menschen. Und man glaubt, daß »die gesunde Vernunft nebst der Wissenschaft die menschliche Natur völlig umerziehen und auf den einzig richtigen Weg lenken wird«. Alles läßt sich mathematisch vorausberechnen, selbst die ökonomischen Verhältnisse. Aber könnte es bei der nun einsetzenden Langeweile nicht geschehen, daß irgendein Gentleman sich spöttisch hinstellt und sagt: Sollten wir nicht diese ganze Vernünftigkeit mit einem einzigen Fußtritt zertrümmern?

Dieser freie Wille als Laune und Phantasie des einzelnen, das ist der vorteilhafteste Vorteil, der auf keiner Liste vermerkt ist.

Die menschliche Natur möchte das Recht haben, gegen alle vorberechneten Vorteile auch etwas Unvorteilhaftes, Dummes und Schädliches zu wollen, um sich das Teuerste zu erhalten: ihre Individualität. Das mag letztlich undankbar und sogar unsittlich sein. Aber sei's drum: »Man kann alles über die Weltgeschichte sagen, alles, was der hirnverbranntesten Einbildungskraft nur einfällt. Nur eines kann man nicht sagen, nämlich: daß sie vernünftig sei.« Der Mensch wird sich immer »den allerunökonomischsten Blödsinn« wünschen, einzig um sich zu überzeugen, daß er ein Mensch und keine Klaviertaste ist. Sicher, er möchte vor allem Schöpfer und Erbauer sein, sich seinen Weg bahnen. Das ist unbestreitbar. Warum aber liebt er bis zur Leidenschaft ebenso Zerstörung und Chaos? Weil er sich instinktiv fürchtet, das zu erbauende Gebäude zu vollenden? Der Mensch liebt vielleicht nur den Prozeß des Strebens, nicht aber die Vollendung? Nicht nur das normale, praktische Wohlergehen, sondern vielleicht ebenso das Leiden? »Ich trete hier weder für das Leiden noch für das bloße Wohlergehen ein, sondern nur für die eigene Kaprice und daß sie mir freisteht, wenn ich ihrer bedarf.«

Einen Untergrundmenschen, der auf seine Mietwohnung angewiesen ist, sollte man im Zaum halten, wenn er nach vierzig Jahren einmal ans Tageslicht kommt und sofort durchdreht: »dann redet er, redet er, redet er. Am besten ist daher überhaupt nichts tun! Kontemplative Tätigkeit! Inertia! Und darum – es lebe der Untergrund. Ich beneide zwar den normalen Menschen, aber ich möchte nicht mit ihm tauschen. Ach, ich lüge ja schon wieder. Der Teufel hole den Untergrund! Ich schwöre Ihnen doch, meine Herrschaften, daß ich keinem einzigen Wort von all dem hier Geschriebenen glaube.« Warum dann aber alle diese Paradoxien aufschreiben? Sich einerseits nach dem Leben sehnen, andererseits über das Leben allerlei logisch anmutenden Unsinn verbreiten, Frechheiten von sich geben und Angst haben, aus kleinlicher Ruhmsucht die Wahrheit zur Schau tragen und dabei ständig lügen und sich verstellen. »Selbstverständlich habe ich mir auch diese Argumente selbst ausgedacht, im Untergrund.«

In den Erinnerungen eines jeden Menschen gibt es Dinge, die

er nicht allen mitteilt, sondern höchstens seinen Freunden. Und es gibt Dinge, die er nicht mal den Freunden aufdeckt, sondern nur sich selbst, und auch das nur unter dem Siegel der Verschwiegenheit. Schließlich aber gibt es Dinge, die der Mensch sogar sich selber zu sagen fürchtet. Kann man unter diesen Umständen gegenüber sich und der Welt überhaupt aufrichtig sein? Heine meint zu Recht, Rousseau habe in seinen »Bekenntnissen« bewußt gelogen, aus Ruhmsucht. Aber zu welchem Zweck dann über sich schreiben? Weil man sozusagen feierlich Gericht über sich selbst hält und seinen Stil entwickelt. Vielleicht bringt das Aufschreiben Erleichterung. »Immerhin: Schreiben ist doch so etwas wie Arbeit. Man sagt, daß der Mensch durch Arbeit gut und ehrlich werde. Nun, da hätte man wenigstens eine Chance.«

Im zweiten Teil seiner *Aufzeichnungen* erinnert sich der Erzähler an einige seiner schmerzhaften Konfrontationen mit der Wirklichkeit. Bei aller Sehnsucht nach Gemeinschaft, realer Anerkennung und Liebe hat er jedesmal den Anschluß an das wirkliche Leben verpaßt, ständig schwankend zwischen phantastischer Selbstüberhebung und einer ebenso übertriebenen Selbsterniedrigung. Längst meidet er alle privaten Kontakte. Nur manchmal noch taucht er in das großstädtische Nachtleben ein: »Meiner Ausschweifung ergab ich mich einsam, nachts, heimlich, ängstlich, schmutzig, mit Schamgefühl. Ich fürchtete entsetzlich, daß man mich vielleicht sehen, mir begegnen, mich erkennen könnte. Besuchte ich doch verschiedene überaus verrufene Häuser.« Dann wieder die Flucht in die Phantasie: Plötzlich wendet sich für ihn alles zum Besten, eröffnet sich eine großartige Tätigkeit, »und es fehlte nicht viel, daß ich auf weißem Roß im Lorbeerkranz erscheine«. In seiner Phantasie triumphiert er über alle: »Ich verliebe mich, bin berühmter Dichter und Kammerherr, verdiene unzählige Millionen und spende sie sofort für das Wohl der Menschheit, zugleich beichte ich vor dem ganzen Volk meine Laster. Darauf wird ein Marsch gespielt, eine Amnestie wird erlassen, der Papst willigt ein, nach Brasilien überzusiedeln. Darauf wird für ganz Italien ein Ball gegeben usw.«

Eines Tages besucht er seinen ehemaligen Schulkameraden Simonow. Der plant gerade mit einigen Bekannten ein Abschiedsessen im »Hôtel de Paris« für Swerkow, einen gemeinsamen Freund, der als aktiver Offizier in den Kaukasus versetzt wird. Auch der Erzähler möchte an dem Fest teilnehmen: »Ich wollte doch diesem *Pack* beweisen, daß ich keineswegs ein Feigling war, wie ich selbst glaubte. Ja, ich wollte sie mir sogar unterwerfen, sie besiegen, bezaubern, zwingen, mich zu lieben – na, sagen wir meinetwegen ›wegen der Erhabenheit meines Gedankenfluges und sprühenden Geistes‹.«

Bei dem Abendessen bleibt der Freund ihm gegenüber reserviert, von ironischer Liebenswürdigkeit, gepaart mit einem spöttischen Gelächter, das sich auf alle anderen überträgt, und erzählt nur von sich: »Alles drehte sich immer nur um Generäle, Generalleutnants, Obristen und sogar Kammerjunker, und unter ihnen spielte Swerkow nahezu die erste Rolle.« Der Erzähler fühlt sich erhaben über dieses Geschwätz, hält sich abseits und trinkt Lafitte und Sherry »glasweise«. Man nimmt ihn gar nicht zur Kenntnis. Schließlich hält er, reichlich betrunken, eine beleidigende Ansprache. Doch die erhoffte Aufmerksamkeit bleibt auch diesmal aus. Statt dessen fühlt er, daß er sich noch lange »an diese lächerlichsten und schrecklichsten Augenblicke« seines Lebens erinnern werde.

Um elf wird vorgeschlagen, die Feier in einem anderen Etablissement fortzusetzen. Der Erzähler möchte sich anschließen, bittet um Verzeihung für sein Verhalten und leiht sich sogar Geld, um »dorthin« mitzugehen. Vergeblich. »Ich blieb allein zurück. Unordnung, Speisereste, ein zerschlagenes Glas auf dem Fußboden, verschütteter Wein, Zigarettenstummel. Rausch und Fieberleere im Kopf, quälendes Weh im Herzen und schließlich der Kellner, der alles gehört und gesehen hatte und mir neugierig in die Augen blickte.« Das also war der Zusammenstoß mit der Wirklichkeit, »nicht mehr der Papst, der Rom verläßt und nach Brasilien auswandert, nicht mehr der Ball auf dem Comer See«. Mit allerlei Rachegedanken im Kopf fährt er im gemieteten Schlitten der Gesellschaft nach. »Der nasse Schnee fiel in dichten, großen Flocken; ich schlug den Mantel auf – der Schnee war mir gleichgültig.« Wäre es nicht besser gewesen, einfach nach Hause zu fahren? Als er in dem ihm bekannten »Salon« eintrifft, sind die anderen schon fort. Da betritt ein junges Mädchen den Raum.

Die Uhr schlägt zwei, als er in ihrem Zimmer aufwacht und plötzlich den ganzen Ekel der Situation empfindet. Sie heißt Lisa und stammt aus Riga. Beiläufig erzählt er ihr von der Beerdigung einer Prostituierten auf dem Friedhof, wo die Särge wegen des sumpfigen Bodens gewöhnlich bis zur Hälfte im Wasser liegen. Um Lisas Aufmerksamkeit zu erlangen, muß er nur den richtigen Ton treffen: Sie sei nur eine Sklavin, redet er auf sie ein, lebe im Schmutz, ohne wirkliche Liebe, einfach unanständig. Gefühlvoll spricht er von der Geborgenheit des Familienlebens: »Wie schön aber ist es, wenn in der Familie alles wohl gelingt, wenn Gottes Segen auf ihr ruht, wenn du einen Mann hast, der dich liebt und bei dir ist.« Bald scheint sie gefangen von seinen Worten: »›Sie sprechen wirklich ganz wie ein Buch‹, sagte sie stockend.« – »›Na wart mal‹, dachte ich.« Und er redet weiter über Liebe und Laster und über die Konsequenzen von Lisas jetzigem Leben: Krankheit, Armut, Tod. Niemand würde ihr Grab besuchen, so als hätte sie nie gelebt. »Schmutz und Sumpf umgeben dich, wenn du in der Nacht, wenn die Toten erwachen, in deiner Verzweiflung an den Deckel deines Sarges schlägst und rufst: ›Ach, laßt mich, gute Leute, nur noch einmal leben auf der Welt.‹« Jetzt ist er auf der Höhe seiner Überredungskunst: »Ich wußte, daß ich unnatürlich und übertrieben sprach, vielleicht sogar ›literarisch‹, aber ich verstand ja nur zu sprechen ›wie ein Buch‹.« Lisa ist plötzlich verzweifelt und beginnt zu weinen – das Ziel ist erreicht. Rasch kleidet er sich an, gibt ihr in einer Gefühlsanwandlung seine Adresse und verschwindet.

Am nächsten Morgen ärgert er sich über seine Weichherzigkeit, schreibt Simonow einen versöhnlichen Brief und legt ihm das geliehene Geld bei (»Die Hauptsache ist doch, daß ich die Geschichte los bin«). Immerhin, Lisa hatte er beeindruckt mit »ein wenig Idyll (und dazu war's noch nicht einmal ein echtes, nur ein literarisch entlehntes, sozusagen)«. Für einen Moment träumt er sogar, sie zu retten und umzuerziehen, Großmut zu zeigen, so daß sie sich in ihn verliebt: »Darauf beginnen wir dann herrlich zu leben, wir fahren ins Ausland, und so weiter und so weiter. Kurz, schließlich wurde ich mir selbst zuwider.« Es bleibt nur die leise Furcht, sie könnte ihn aufsuchen und die ganze Armseligkeit seines Daseins zu Gesicht bekommen.

Eines Tages erscheint Lisa tatsächlich. »Ich stand vor ihr wie vernichtet, blamiert und bis zur Widerlichkeit verwirrt. Und plötzlich brach ich in Tränen aus.« Ein hysterischer Anfall, den er nicht zu unterdrücken vermag. Dann aber schlägt seine Stimmung um: »ich glaube, ich hätte sie totschlagen können«. Er überhört ihre schüchterne Andeutung, daß sie »von dort« fortgehen wolle, und redet sich in Rage: »Du bist gekommen, weil ich dir damals mitleidige Worte gesagt habe. So wisse denn, daß ich mich nur über dich lustig machen wollte. Macht hatte ich nötig, das Spiel mit dir, deine Tränen hatte ich nötig, deine Erniedrigung, deine Hysterie. Ich sage: die ganze Welt mag von mir aus untergehen, denn ich will Tee trinken. Wußtest du das? Nun, ich weiß aber, daß ich ein Scheusal, ein Schuft, ein Egoist, ein Faulpelz bin.« Sie ahnt während dieser Tirade, daß er zutiefst unglücklich ist. Sie umarmen sich und weinen. Damit aber sind die Rollen vertauscht, so »daß jetzt sie die Heldin war, ich aber ein ebenso erniedrigtes und zerschlagenes Geschöpf wie sie damals vor mir. Wie haßte ich sie in diesem Augenblick, und wie zog es mich zu ihr hin.« Echte Gefühle stellen sich aber nicht ein. »Selbst in meinen Träumereien habe ich mir Liebe nur vorgestellt als einen Kampf, der mit Haß beginnt und mit moralischer Unterwerfung endet.« Er sehnt sich nach Ruhe und möchte in seinem Untergrund allein bleiben. Als sie endlich geht, drückt er ihr Geld in die Hand. Später bemerkt er, daß sie den Fünfrubelschein unbemerkt auf den Tisch zurückgelegt hat. Na schön, er hatte sie also beleidigt, aber »die Beleidigung wird sie erheben und läutern – durch den Haß, vielleicht auch durch Vergebung. Aber wird es ihr davon leichter werden?«

Schuld und Sühne

Rodion Raskolnikow, ein ehrgeiziger junger Mann, war aus der Provinz nach Petersburg gekommen, um Jura zu studieren und Karriere zu machen. Nach der Justizreform von 1864 schien der Zeitpunkt dafür günstig. Bald aber sind die bescheidenen Geldmittel aufgebraucht. Auch die Mutter und Dunja, seine Schwester, können nicht helfen, sie haben kaum ihr eigenes Auskommen. So bricht er sein Studium ab und zieht sich frustriert und verbittert in die armselige Dachkammer eines mehrstöckigen Mietshauses zurück. Sein ganzes Denken kreist um die Frage, wie er trotz seiner aussichtslosen Lage doch noch zum Erfolg kommen könne. In seine verworrenen Tagträume mischt sich Bücherweisheit, angeeignet aus juristischer Fachliteratur, Schriften über den Sozialismus, Darwins Evolutionstheorie und Carlyles Buch über Heldenverehrung. Dem Gemisch eigener und fremder Ideen entnimmt er schließlich die eine wegweisende Erkenntnis: Der Mensch ist von seiner »sozialen Natur« abhängig und in der Regel das Opfer des Milieus, in dem er lebt. Nur außergewöhnliche Einzelmenschen können sich von ihrer Umwelt befreien und zu Macht und Ansehen gelangen, selbst wenn sie sich dabei fragwürdiger Mittel bedienen. Man denke an Napoleon. Diese Aussicht fasziniert Raskolnikow. Aber ist er selber fähig, sich gegen das Milieu und die Gesellschaft, die ihn, wie er meint, ungerecht behandelt hat, durchzusetzen und sich als Machtmensch zu beweisen, und sei es um den Preis eines Verbrechens? Man müßte die Probe aufs Exempel machen. Der Zufall will es, daß ihm eine alte Wucherin empfohlen wird, bei der man Geld leihen und Gegenstände versetzen kann. Ihm kommt der zunächst hypothetische Gedanke, er könnte die Alte, ein ohnehin »unnützes Geschöpf«, ermorden und ausrauben, sich mit ihrem Geld aus allem Elend befreien und Großes vollbringen, ein neuer Napoleon werden. Die Zukunftsträume bleiben nebelhaft, nur der Plan, durch einen Mord seine exklusive Identität zu beweisen, nimmt konkrete Gestalt an. An dieser Stelle setzt die Handlung ein.

An einem heißen Julitag begibt sich Raskolnikow zu der alten Pfandleiherin. Von seiner Wohnung bis zu ihr sind es – so viel weiß er inzwischen – exakt siebenhundertdreißig Schritte. Er versetzt bei der Alten eine silberne Uhr – ein letzter Test vor der Tat? Wieder auf der Straße, empfindet er nichts als Ekel: »O Gott, wie widerlich ist das alles! Werde ich es denn wirklich tun? Nein, das ist ja Unsinn.« In einer billigen Schenke spricht ihn ein armselig gekleideter, betrunkener Gast an, stellt sich als Titularrat Marmeladow vor und erzählt ihm weinerlich seine Lebensgeschichte. Auch er ein Zugereister, zudem Alkoholiker. Man hat ihm gekündigt, und seit drei Tagen ist er auf Sauftour. Die Familie – eine Frau mit drei kleinen Kindern – lebt vom Geld Sonjas, seiner Tochter aus erster Ehe, einer Prostituierten. Marmeladow schämt sich: »Kreuzigen sollte man mich. Mitleid aber mit uns wird der haben, der mit allen Mitleid hat. Und er wird der Richter sein und wird vergeben. Herr, dein Reich komme.« Sentimentalität eines Trinkers. Raskolnikow bringt ihn nach Hause, zu einer Wohnung im Petersburger Armenviertel: »Im Zimmer war es dumpf, von der Treppe kam ein übler Geruch, und die Tür zur Treppe stand offen.« Heftig beschimpft Katerina Iwanowna ihren Mann. Türen werden geöffnet, Neugierige schauen herein: dreiste, lachende Gesichter, mit Mützen auf dem Kopf, Gestalten mit nackter Brust, in Schlafröcken, manche mit Spielkarten in der Hand, lautstarke Skandalszenen, wie sie die traurige Geschichte der Marmeladows auch weiterhin begleiten.

Am nächsten Morgen betrachtet Raskolnikow haßerfüllt seine armselige Kammer. Nicht einmal dafür kann er mehr die Miete zahlen. In einem langen Brief berichtet seine Mutter aus der Provinz, daß Dunja ihre Stellung als Gouvernante beim Gutsbesitzer Swidrigailow verloren hat, inzwischen aber ein gewisser Lushin um ihre Hand anhält, »ein zuverlässiger Mann in gesicherten

Verhältnissen, von fünfundvierzig Jahren, solide und anständig«. Lushin beabsichtige, in Petersburg ein Anwaltsbüro zu eröffnen. Vielleicht könnte diese Heirat, so hofft sie, auch ihrem Sohn nützlich sein. Die beiden Frauen bereiten ihre Reise nach Petersburg vor. Raskolnikow ist beunruhigt: Dunja möchte sich offenbar für ihn aufopfern, sich verkaufen. Der Vergleich mit Sonja Marmeladowa drängt sich ihm auf. Die Heirat muß unbedingt verhindert werden. Seine Mordidee, bislang nur ein Phantasiespiel, erscheint plötzlich in einer völlig neuen und bedrohlichen Gestalt. Planlos irrt er durch die Straßen bis zu den Inseln der Newa-Mündung, wo er völlig ermattet in einem Gebüsch einschläft. Ein Traum versetzt ihn zurück in die Kindheit: Auf einem Spaziergang mit seinem Vater beobachtet er, wie betrunkene Bauern auf grausame Weise ein Pferd zu Tode prügeln, ein Traum von ungewöhnlicher Deutlichkeit. Nach dem Erwachen assoziiert Raskolnikow das Geträumte augenblicklich mit seinem Plan: »Mein Gott, werde ich denn wirklich ein Beil nehmen, der Alten damit auf den Kopf schlagen, den Schädel zerschmettern?«

Auf dem Heumarkt hört er zufällig, wie sich die Schwester der Wucherin, Lisaweta, mit einem Ladenbesitzer für den nächsten Abend verabredet. Also wird die Alte zu der Zeit allein zu Hause sein. Der Zufall entscheidet. Am Abend des nächsten Tages näht er eine Schlinge für das Beil in seinen Mantel, präpariert einen Pfandgegenstand und besorgt das Beil. Es ist sieben vorbei, später schlägt irgendwo eine Uhr halb acht. Die Alte läßt ihn lange klingeln, bevor sie öffnet. Als sie das Pfand untersucht, »zog er das Beil hervor, hob es, kaum daß er sich dessen bewußt war, mit beiden Händen empor und ließ es fast ohne Anstrengung, fast mechanisch auf den Kopf der Alten niederfallen«. Mehrmals schlägt er mit der breiten Rückseite des Beils zu, bis sie tot umfällt. Dann nimmt er die Schlüssel aus ihrer Tasche, öffnet eine unter dem Bett befindliche Truhe und steckt wahllos die dort verwahrten Pfänder ein. Plötzlich hört er Schritte, sieht im Zimmer nebenan Lisaweta und erschlägt auch sie, diesmal mit der scharfen Seite des Beils. Voller Ekel und Entsetzen wäscht er das Beil ab und will sich davonmachen, als es klingelt. Hinter der Tür stehen offenbar zwei Männer, die sich nach einiger Beratung wieder entfernen. Auf der Treppe kommt ihm von unten jemand entgegen. Noch rechtzeitig kann er in eine offenstehende Wohnung, die gerade renoviert wird, ausweichen. Ungesehen verläßt er den Ort des Geschehens, geht nach Hause und legt das Beil an seinen Platz zurück.

Am nächsten Morgen beseitigt er die Blutspuren an seiner Kleidung und versteckt die Beute in einem Loch hinter der Tapete. Da bringt ihm Nastassja, das Dienstmädchen, eine Vorladung zur Polizei. Hat man ihn schon in Verdacht? Auf dem Revier geht es aber nur um eine Geldforderung seiner Zimmerwirtin, die er anerkennen soll. Raskolnikow ist erleichtert. »Der Triumph der Selbsterhaltung, die Rettung aus der drohenden Gefahr – das allein erfüllte in diesem Augenblick sein ganzes Wesen, eine unmittelbare, rein tierische Freude.« Dann aber überkommt ihn das »düstere Empfinden einer qualvollen, unendlichen Einsamkeit und Entfremdung«. Als sich die Beamten über den inzwischen gemeldeten Mord unterhalten, fällt er plötzlich in Ohnmacht. Wieder zu sich gekommen, verläßt er eilig das Revier. Vielleicht ist bei ihm schon eine Haussuchung im Gange? Er schafft die Beute aus der Wohnung und legt sie an einer abgelegenen Mauer unter einen Stein. »Wieder überkam ihn einen Augenblick lang eine überwältigende Freude wie vorhin im Polizeibüro. Alle Spuren sind verwischt! Es gibt keine Beweise!« Aber warum hat er nicht einmal in den Beutel mit den Pfändern hineingesehen? Der Mord hat stattgefunden, die Grenze wurde überschritten, aber das Experiment als solches ist gescheitert. Raskolnikow empfindet Ekel vor der Tat und fürchtet, entdeckt zu werden. Das Gefühl hoffnungsloser Einsamkeit wechselt mit grenzenloser Wut über sein Versagen.

Als ihm seine Mutter eines Tages Geld schickt, kauft ihm sein Studienfreund Rasumichin davon Kleidung und lädt ihn zur Einweihung seiner neuen Wohnung ein. Beiläufig berichtet er auch vom Ermittlungsstand in der Mordsache: Ein Anstreicher, Nikolai, wurde verhaftet. Man entdeckte bei ihm Ohrringe, die zweifellos der Alten gehört hatten. Er will sie in der Wohnung gefunden haben, wo er als Malergehilfe gearbeitet hatte. Alles nur Indizien, meint Rasumichin. Da erscheint Lushin, der Bräutigam Dunjas. Er möchte seinen künftigen Schwager kennenlernen und hat inzwischen eine Wohnung für die Damen besorgt. Er schwärmt für den sich ausbreitenden unternehmerischen Egoismus in Rußland, der auch dem Allgemeinwohl nützlich sei. Über diese Ansicht kommt es mit Raskolnikow zum Streit, und Lushin verläßt den künftigen Schwager tief beleidigt.

Am nächsten Tag blättert Raskolnikow in einem Restaurant die Zeitungen durch. Als sich Samjotow, der Schriftführer aus dem Polizeibüro, zu ihm setzt, provoziert er ihn: »Wie, wenn ich es wäre, der die Alte und Lisaweta ermordet hat?« Er bietet sogar ein plausibles Geständnis an. Samjotow ist verblüfft. Sein Anfangsverdacht scheint nach dieser ironischen Selbstanzeige ausgeräumt.

Raskolnikow streift durch die Straßen und steht plötzlich vor dem Haus der Alten. Ein unbestimmtes Verlangen zwingt ihn, die Treppe hinaufzusteigen. Die Wohnung wird renoviert und steht offen. Er tut, als inspiziere er die Zimmer, zieht sogar an der Klingel. Die Arbeiter und der Hausmeister werden schon mißtrauisch. Später sieht er auf der Straße eine vornehme Equipage und daneben eine Menschenmenge. Ein Betrunkener ist überfahren worden – Marmeladow. Wieder bringt ihn Raskolnikow nach Hause, und wieder sieht er die unerträgliche Armut der Familie. Man legt den Verletzten aufs Sofa. Neugierige Mieter drängen sich in die Wohnung: »Laßt ihn doch wenigstens ruhig sterben«, schreit Katerina Iwanowna. »Meint ihr, hier wird eine Vorstellung gegeben?« Als der Priester kommt, drängen sich die Zuschauer im Treppenflur. Ein Lichtstumpf beleuchtet die Szene. Auch Sonja erscheint, billig aufgeputzt und grotesk anzusehen. Sie ist klein, etwa achtzehn Jahre alt, mager, blond und hat schöne blaue Augen. Als Marmeladow seine Tochter sieht, bittet er sie um Verzeihung und stirbt. Raskolnikow gibt Katerina Iwanowna, bevor er geht, sein ganzes restliches Geld.

In seiner Wohnung warten inzwischen Dunja und die Mutter. Dunja ist hochgewachsen, schlank, kräftig, selbstbewußt, im Gesicht dem Bruder ähnlich. Rasumichin, noch etwas angetrunken von seiner Einweihungsfeier, ist von ihr begeistert. Aufopfernd kümmert er sich um die beiden Frauen. Am nächsten Morgen zeigen sie ihm einen Brief von Lushin, in dem er eine Zusammenkunft mit seiner Braut, aber ohne den Bruder vorschlägt. Raskolnikow verharrt in einer Stimmung düsterer Zerstreutheit. Er scheint sein eigenes Tun nicht mehr zu begreifen. Der Arzt Sosimow klärt ihn auf: »Manchmal ist die Ausführung einer Sache musterhaft, Richtung und Ursprung des Handelns aber bleiben dunkel und hängen von allerlei krankhaften Empfindungen ab, ähnlich wie in einem Traum.« Die harmlose Äußerung trifft ihn stärker, als die Anwesenden ahnen. Er fühlt, »daß er nie mehr, niemals und mit niemandem überhaupt werde offen sprechen dürfen«. Auch die Vergangenheit liegt in einer unendlichen Ferne hinter ihm, ist »jetzt wie im Jenseits, und so lange her. Alles, was hier rings um mich geschieht, als geschähe es nicht hier. Auch euch sehe ich wie aus tausend Werst Entfernung.« Seine Mutter ist beunruhigt: »Wie schlecht dein Zimmer ist, Rodja. Wie ein Sarg. Da mußt du ja zum Melancholiker werden.« Energisch erklärt schließlich Dunja, sie wünsche ihren Bruder und Rasumichin bei dem Treffen mit Lushin dabeizuhaben.

Der mit dem Mordfall betraute Untersuchungsbeamte, Porfiri Petrowitsch, ein weitläufiger Verwandter Rasumichins, möchte Raskolnikow näher kennenlernen. Die beiden Freunde besuchen den Inspektor. Porfiri ist etwa fünfunddreißig, mittelgroß, mit Bauchansatz, glatt rasiert, von gelblicher Gesichtsfarbe, hat blinzelnde, spöttische Augen. Raskolnikow trägt sein Anliegen vor: Er möchte seine Pfänder, die man sicher bei der Alten gefunden hat, zurückhaben. Porfiri erklärt ihm den Dienstweg. »Ich erwarte Sie schon seit langem«, sagt er, »Sie sind der einzige Pfandgeber, der sich noch nicht gemeldet hat.« Wieder argwöhnt Raskolnikow, man wüßte schon alles. Rasumichin erzählt von seiner Einweihungsfeier, auf der man eingehend das Thema »Gibt es überhaupt Verbrechen?« diskutiert habe. Die einfachste Theorie hätten die Sozialisten: schuld sei immer das Milieu, man muß nur die Verhältnisse ändern, dann verschwindet auch das Verbrechen.

Doch die lebendige Seele, argumentiert Rasumichin, füge sich keiner Berechnung und mit Logik sei der menschlichen Natur nicht beizukommen. Porfiri wendet sich an Raskolnikow: »Ich erinnere mich an einen kleinen Aufsatz, den Sie mal geschrieben haben: Über Verbrechen oder so ähnlich.« Darin habe er angedeutet, daß bestimmte Individuen das Recht haben, Verbrechen zu begehen. Raskolnikow bejaht: In der Tat, außergewöhnliche Menschen hätten stets das geltende Gesetz übertreten, und der größte Teil der Wohltäter der Menschheit seien besonders große Blutvergießer gewesen. Natürlich ließe sich nur schwer zwischen gewöhnlichen und außergewöhnlichen Menschen unterscheiden, aber: »Die erste Gattung ist immer Herr der Gegenwart, die zweite Herr der Zukunft.« Ironisch meint Porfiri: Es könne doch zu Verwechslungen kommen und jemand sich einbilden, zur Klasse der Außergewöhnlichen zu gehören, und anfangen, Hindernisse zu beseitigen? Raskolnikow weicht aus: Er habe alles nur angedeutet, und außerdem werde durch Gerichte, Zuchthäuser und Verbannung ein allgemeines Blutvergießen verhindert. Porfiri aber läßt nicht locker: Könnte es nicht sein, daß er, Raskolnikow, sich selbst ein bißchen für einen außergewöhnlichen Menschen halte und sich entschlossen habe, zu morden und zu rauben? Wer hält sich in Rußland jetzt nicht alles für einen Napoleon?

Nach dem Gespräch fühlt sich Raskolnikow als Sieger. Doch als in der Nähe seiner Wohnung jemand an ihm vorübergeht und leise aber deutlich sagt: »Mörder! Du bist der Mörder!«, verfällt er in tiefe Depression. Im Traum sieht er sich plötzlich in der Wohnung der Wucherin. Ihr Zimmer ist voller Mondlicht. Auf dem Stuhl in der Ecke sitzt die Alte zusammengekauert, mit gesenktem Kopf. Als er ihr einen Schlag mit dem Beil versetzt, beginnt sie zu lachen. Mit jedem Schlag wird das Lachen stärker. Er stürzt hinaus. Das Vorzimmer ist voller Menschen, sie stehen dicht an dicht, warten und schweigen.

Als er erwacht, steht vor ihm ein Unbekannter – der Gutsbesitzer Swidrigailow. Er ist nach Petersburg gekommen, um Raskolnikow kennenzulernen und sich zu rechtfertigen: Er habe

Dunja, als sie damals wegen seiner Nachstellungen ihre Stelle verlor, geliebt, hätte mit ihr sogar nach Amerika oder in die Schweiz fliehen wollen. Auch am Tod seiner Frau sei er unschuldig. »Sie scheinen Ihre Frau zu vermissen? – Marfa Petrowna geruht mich zu besuchen, schon dreimal und immer im wachen Zustand. Sie spricht über Nebensächliches und verschwindet wieder. – Möglicherweise sind das alles nur Lügen? – Ich lüge selten, antwortete Swidrigailow. – Gehen Sie zu einem Arzt. – Gespenster sind sozusagen Bruchstücke aus einer anderen Welt. Ein gesunder Mensch braucht sie selbstverständlich nicht zu sehen. Aber sobald er erkrankt und die normale Ordnung ins Wanken gerät, zeigt sich die Möglichkeit einer anderen Welt, bis er, wenn er stirbt, in die andere Welt hinübergeht. – Ich glaube nicht an ein zukünftiges Leben. – Wenn es aber da drüben nur Spinnen gibt? Nur ein kleines Zimmer, ähnlich einer Badestube auf dem Lande, verräuchert, in allen Ecken Spinnen, und das ist dann die ganze Ewigkeit.« Swidrigailow möchte Dunja noch einmal sehen und ihr außerdem zehntausend Rubel überweisen.

Bei dem Treffen mit Lushin, der beiläufig zu berichten weiß, daß Swidrigailow vorzeiten ein minderjähriges taubstummes Mädchen mißbraucht und in den Selbstmord getrieben habe, kommt es zum Streit. Raskolnikow hält ihm vor, sich abfällig über Sonjas Lebenswandel geäußert zu haben. Dunja löst ihre Verlobung und schickt Lushin fort. Raskolnikow vertraut Mutter und Schwester der Obhut seines Freundes an und verabschiedet sich: »Laßt mich allein. Ich habe es so beschlossen. Was mit mir auch geschehe, ob ich zugrunde gehe oder nicht, ich will allein sein.« Er geht direkt zu Sonja, die beim Schneider Kapernaunow zur Miete wohnt. Zunächst beschreibt er sarkastisch die aussichtslose Lage, in der sie sich befindet, Sonja aber bedauert vor allem ihre Stiefmutter Katerina Iwanowna: »Sie ist so unglücklich und krank. Und sie sucht Gerechtigkeit. – Was aber wird aus Ihnen? Die sind doch jetzt auf Sie angewiesen!« Raskolnikow malt ihre Zukunft in den schwärzesten Farben. – Ach nein, Gott wird das nicht zulassen. – Aber vielleicht gibt es gar keinen Gott? Plötzlich kniet er nieder und küßt ihren Fuß. »Ich habe mich nicht vor dir verneigt, sondern vor dem ganzen Menschenleid.« Sie sei eine große Sünderin, weil sie sich vergeblich geopfert habe. Sie hätte allem ein Ende machen und sich »mit dem Kopf voran ins Wasser stürzen« sollen, statt auf ein Wunder zu warten. »Was wäre ich denn ohne Gott? flüstert sie schnell und energisch. – Gottesnärrin, Gottesnärrin, wiederholte er für sich.«

Auf der Kommode bemerkt er ein Neues Testament. Er bittet sie, die Geschichte von der Auferstehung des Lazarus vorzulesen. »Der Lichtstumpf im schiefen Leuchter begann auszugehen und beleuchtete trübe in diesem armseligen Zimmer den Mörder und die Dirne, die sich über dem Lesen des ewigen Buches so sonderbar zusammengefunden hatten.« Eine Schlüsselszene des Romans. Wie aber soll es weitergehen? fragt ihn Sonja. Raskolnikow ist von der Lazarusgeschichte und Sonjas frommer Demut keineswegs beeindruckt. »Was tun? Brechen mit allem … Freiheit und Macht, hauptsächlich Macht! Über alle zitternde Kreatur und über den ganzen Ameisenhaufen! Das ist das Ziel! Das ist mein Geleitwort dir auf den Weg … Wenn ich aber morgen zu dir komme, werde ich dir sagen, wer Lisaweta ermordet hat. Leb wohl. – Sonja sah ihm wie einem Geistesgestörten nach.« In einem Durchgangszimmer hinter der Tür hatte der nebenan wohnende Swidrigailow die ganze Unterhaltung belauscht.

Am anderen Morgen legt Raskolnikow die Eingabe zur Wiedererlangung seiner Pfänder Porfiri Petrowitsch vor. Vorsichtig fragt er, ob man ihn nicht zur Mordsache befragen wolle? Porfiri lenkt ab. Er holt weit aus, redet über Belangloses, über seine Dienstwohnung, juristische Kniffe, über Gymnastik, die er treiben sollte, über die Justizreform. »Sie bereiten sich doch vor, Jurist zu werden? – Ja, ich bereitete mich vor.« Porfiri schildert seine Arbeit: Verhaftung, Verhöre, Beweise und die Schwierigkeit, den Täter zu überführen: »Es gibt doch überhaupt keinen allgemeinen Fall, nach dem alle diese juristischen Formen und Regeln zugeschnitten, berechnet und in Bücher eingetragen sind. Jede Tat verwandelt sich, kaum daß sie geschehen ist, in einen vollkommenen Einzelfall.« Man muß einen Verbrecher so lange beobachten, bis er es merkt. Dann wird er von selbst kommen. »Und die Nerven, die Nerven, die haben Sie ganz und gar vergessen. Heutzutage sind doch alle krank, defekt und gereizt. Der Täter wird mir *psychologisch* nicht entfliehen! Wie finden Sie das Wort? – Die Lehre ist gut, dachte Raskolnikow, und es überlief ihn kalt.« Porfiri aber redet weiter: »Es ist die Natur, die dem Beamten zu Hilfe kommt. Aber daran denkt die scharfsinnige Jugend nicht, die ›über alle Hindernisse hinwegschreitet‹. Der Täter verstellt sich und will schon triumphieren, aber gerade da – plumps – bei der interessantesten Stelle fällt er in Ohnmacht. Die Natur ist ein Spiegel, der klarste, den es gibt. Warum sind Sie auf einmal so blaß geworden?« Dann nennt er Einzelheiten aus Raskolnikows Tagesablauf, lockt ihn aus der Reserve: »Ich aber sage Ihnen, daß Sie trotz Ihres ganzen Scharfsinns den gesunden Blick für die Dinge zu verlieren beginnen.« Schließlich kündigt er noch eine Überraschung an, aber Raskolnikow ist sicher: Es gibt keine Beweise.

Ein unerwarteter Zwischenfall kommt ihm zu Hilfe. Man führt den Anstreicher Nikolai vor, der inzwischen gestanden hat, die Alte und ihre Schwester ermordet zu haben. Porfiri muß den sichtlich erleichterten Raskolnikow gehen lassen. Als bei ihm zu Hause jener Mann erscheint, der ihn auf der Straße einen »Mörder« genannt hat, um seine Anschuldigung zurückzunehmen, fühlt er sich völlig entlastet. Dieser Mann also war Porfiris »Überraschung« gewesen! »Jetzt werden wir noch kämpfen, sagte er mit einem boshaften Spottlächeln, und mit Verachtung und Beschämung erinnerte er sich seines Kleinmuts.«

Lushin fühlt am nächsten Morgen Ernüchterung. Vielleicht ließ sich die Sache mit Dunja wieder einrenken? Er ist mit Geldzählen beschäftigt und unterhält sich mit seinem Wohnungsnachbarn, einem, wie er meint, halbgebildeten Schwätzer, über die bevorstehende Leichenfeier bei den Marmeladows, zu der sie beide eingeladen sind. Dann bittet er Sonja zu sich und entschuldigt sich, die Einladung nicht wahrnehmen zu können. Beiläufig fragt er, ob Raskolnikow schon zur Feier eingetroffen sei, und schenkt ihr zehn Rubel.

Katerina Iwanowna hatte das teure Gedächtnismahl wohl aus Stolz arrangiert, stammte sie doch »aus einem feinen Hause«. Außer Raskolnikow behandelt sie alle Gäste und vor allem ihre Vermieterin, eine »dumme Deutsche«, mit Hohn und Verachtung. Dabei gerät sie in Rage, verteidigt lautstark ihren verstorbenen Mann, macht sich über die Hauswirtin lustig, erwähnt ihre, wie sie meint, glanzvolle Vergangenheit und spricht über ihre Absicht, eine Erziehungsanstalt zu gründen. Als der Streit mit der »dummen Deutschen« zum Skandal eskaliert, erscheint völlig unerwartet Lushin, beschuldigt Sonja, von seinem Tisch hundert Rubel gestohlen zu haben, und droht mit der Polizei. Während Katerina Iwanowna wuterfüllt ihre Stieftochter verteidigt und dabei deren Taschen durchwühlt, liegt plötzlich ein Hundertrubelschein am Boden. Die Gäste sind überzeugt – Sonja ist eine Diebin. Man bemitleidet sie, und auch Lushin verzichtet großzügig auf gerichtliche Schritte. Da erklärt der inzwischen ebenfalls unbemerkt eingetretene Nachbar, Lushin sei ein Betrüger. Er habe Sonja den Schein heimlich zugesteckt. Lushins Absicht, sich gegenüber Raskolnikow und seiner Familie zu rechtfertigen, ist gescheitert.

Sonja verläßt mit dem Gefühl der Hilflosigkeit und Kränkung die Feier, und Raskolnikow folgt ihr. Er muß ihr jetzt sagen, wer Lisaweta erschlagen hat. Lange redet er um die Sache herum, bis sie errät, daß er es war: »Was haben Sie sich angetan!« Spontan wechseln beide zum vertraulichen *Du*: »Es gibt jetzt niemanden auf der Welt, der unglücklicher ist als du. – Du wirst mich also nicht verlassen, Sonja? – Nein, nein; nie und nimmer. Ich werde dir folgen.« Sie versucht zu begreifen, fragt nach Gründen. Ein Napoleon habe er werden wollen, sagt er und erklärt ihr seine Theorie. »Sagen Sie es mir lieber einfacher, ohne Beispiele.« Er schildert die Armut seiner Familie, die verpaßte Karriere. Er habe einen neuen, unabhängigen Weg gehen wollen. »Ach nein, das ist es nicht, nicht das. – Aber ich habe doch die Wahrheit gesagt. – Was ist denn das für eine Wahrheit! – Ich habe doch nur eine Laus getötet. – Wie, der Mensch soll eine Laus sein?« In die Enge getrieben, bekennt er: Er habe sich verkrochen wie eine Spinne in seinem elenden Zimmer, das die Seele und den Verstand lähmt. Dann habe er Träume gehabt: Die Macht gehört dem, der es wagt, sie einfach zu nehmen. Man muß sich unterstehen, zu wagen. »Gott hat Sie heimgesucht und Sie dem Teufel überantwortet.« Er habe sich doch nur von seinen qualvollen Gedanken befreien wollen: »Habe ich denn die Alte getötet? Mich habe ich getötet, aber nicht die Alte. Jene Alte hat der Teufel erschlagen, nicht ich.« Dann bleibt ihm nur noch Verzweiflung: »Was soll ich jetzt tun? Sprich!« Er soll öffentlich gestehen, das Leid auf sich nehmen und sich dadurch erlösen. Die naive »Gottesnärrin« bietet ihrem in der Reflexion geübten Gegenüber keine vernünftig begründete Alternative, sondern macht ihm nur ein praktisches Verhaltensangebot, denn »wie willst du sonst mit den Menschen leben?« Der Glaube, soviel wird aus dem Gespräch deutlich, ist nicht kommunizierbar, sondern kann sich allenfalls in der Seele gnadenhaft ereignen. Davon jedoch ist Raskolnikow weit entfernt.

Als sie erfahren, Katerina Iwanowna sei verrückt geworden, stürzen sie auf die Straße. Die Witwe Marmeladows erklärt den Passanten lauthals ihre Armut. Dabei läßt sie ihre Kinder singen und tanzen, ermahnt sie, prügelt sie. »Mögen alle, mag ganz Petersburg sehen, wie die Kinder eines edlen Vaters, der sein Leben lang treu gedient hat und, man kann sagen, im Dienst gestorben ist, betteln gehen müssen.« Als die Kinder weglaufen, folgt sie ihnen,, stolpert und fällt auf das Pflaster, Blut strömt aus ihrem Mund. Man bringt sie in Sonjas Zimmer. Wieder drängt sich ein neugieriges Publikum herein. »Das Fest ist aus! Legt mich denn nieder, und laßt mich wenigstens ruhig sterben. Die Schindmähre ist zu Tode gehetzt«, schreit sie verzweifelt und haßerfüllt, bevor sie stirbt. Der ebenfalls anwesende Swidrigailow verspricht, die Beerdigung zu übernehmen und die Kinder in ein Waisenhaus zu bringen. Auch Sonja will er »aus dem Sumpf herausziehen«. Er tue es »einfach aus Menschlichkeit« und fügt hinzu: »Sie war doch keine Laus, wie irgendeine Wucherin!« – ein Zitat aus der von ihm belauschten Unterhaltung Raskolnikows mit Sonja.

Raskolnikow befindet sich in einem merkwürdigen Zustand: Als hätte ihn ein plötzlicher Nebel in eine undurchdringliche Einsamkeit eingeschlossen. Ob sein Freund wohl ein politischer Verschwörer war? überlegt Rasumichin. Er macht ihm Vorwürfe, daß er seine Angehörigen vernachlässige, erzählt ihm von einem Brief, den Dunja erhalten hat, und daß der Mord aufgeklärt sei. Der Mörder habe gestanden und alle nötigen Beweise geliefert. Raskolnikow fühlt sich neu belebt für seinen Kampf. Aber ist die Sache mit Porfiri wirklich ausgestanden? Als er seine Wohnung verlassen will, stößt er unverhofft mit ihm zusammen. Porfiri ist im Begriff, ihn zu besuchen, »nur so auf ein Zigarettchen, wenn Sie gestatten«. Er gibt vor, sich für seine Verdächtigungen entschuldigen zu wollen: »Ich habe sie viel leiden lassen, Rodion Romanowitsch. Ich bin aber kein Unmensch. Auch ich begreife, was es für einen bedrängten, aber stolzen, vor allem ungeduldigen Menschen bedeutet, dies alles ertragen zu müssen. Ich halte Sie jedenfalls für einen hochedlen Menschen und bin Ihnen zugeneigt.« Plötzlich peinigt Raskolnikow der Gedanke, er könnte ihn vielleicht für unschuldig halten? Porfiri zählt noch einmal alle Verdachtsmomente auf: »Ich war der erste, der damals auf Sie verfiel«, erwähnt den Aufsatz als »absurd und phantastisch, aber voller Kühnheit der Verzweiflung. Jedes Wort bekam einen doppelten Sinn, als stecke immer etwas anderes noch dahinter.« Da gesteht plötzlich einer den Mord: Nikolai, ein Altgläubiger, der vor allem ›Leid auf sich nehmen‹ will. Doch Nikolai würde sein Geständnis bald widerrufen. »Dies hier ist eine phantastische, unheimliche Sache, ein Fall unserer Zeit, wo das menschliche Herz sich getrübt hat. Bücherphantasien, ein durch Theorien überreiztes Herz. Zugegeben, der Täter hat in krankem Zustand gehandelt, aber er hat gemordet, hält sich trotzdem für einen ehrenwerten Menschen, verachtet alle Leute, wandelt umher wie ein bleicher Engel – nein, das hat schon gar nichts mit Nikolai zu schaffen.« Raskolnikow wird nervös. »Ja, aber wer hat denn dann gemordet? fragte er mit atemloser Stimme. – *Wie*, wer gemordet hat? Aber Sie haben doch gemordet, Roman Rodionowitsch, allein Sie haben gemordet.« Porfiri hat zwar noch nichts gegen ihn in der Hand, macht ihm aber den Vorschlag, sich selbst anzuzeigen. Das brächte Strafermäßigung für eine Handlung im Affekt. »Oder fürchten Sie die bürgerliche Schande? Sie sind kein hoffnungsloser, gemeiner Mensch. Sie brauchen jetzt eine Luftveränderung, Und nun ja, Leiden ist auch eine gute Sache. Also erfüllen Sie, was die Gerechtigkeit nun einmal verlangt. Sie glauben gar nicht mehr an Ihre Theorie – Wie können Sie dann noch fliehen? Sie werden nicht davonlaufen.«

Raskolnikow eilt zu Swidrigailow. Erwartete er etwas Neues von ihm, einen Ausweg? Sonja ist die Verkörperung eines unerbittlichen Urteils, einer unwiderruflichen Entscheidung. Also, entweder ihr Weg oder sein Weg. Er entdeckt ihn am Heumarkt in einem billigen Restaurant. Swidrigailow trinkt Champagner und plaudert – zunächst über Petersburg und in Anspielung auf Raskolnikow: »Ich bin überzeugt, daß es in Petersburg viele Leute gibt, die beim Gehen Selbstgespräche führen. Es ist eine Stadt von Halbverrückten. Selten findet man so viele finstere, einschneidende und eigentümliche Einflüsse auf die Seele eines Menschen wie in Petersburg.« Dann über sich selbst: »Ich habe gar keine besondere Eigenschaft. Zuweilen wird mir das sogar langweilig. Wer ich bin? Sie wissen es doch: ein Edelmann, zwei Jahre bei der Kavallerie, dann Petersburg. Ich habe Marfa Petrowna geheiratet und auf dem Lande gelebt. Das ist meine Biographie. – Außerdem Falschspieler und Weiberheld, fügt Raskolnikow hinzu.« Swidrigailow erzählt, wie ihn die bedeutend ältere Marfa Petrowna aus dem Gefängnis freigekauft und später Dunja als Gouvernante eingestellt habe. Es gab damals schon allerlei Gerüchte über seine Untaten, so daß Dunja Lust bekam, ihn zu »retten«! Er aber empfand für sie nur sinnliche Leidenschaft und bot ihr sein ganzes Geld an, damit sie mit ihm fliehe, vielleicht nach Petersburg. »Sind Sie wirklich überzeugt, daß sie mich nicht ausstehen kann? Sie haben recht, sie liebt mich nicht, aber übernehmen Sie nie eine Garantie in Dingen, die zwischen einem Mann und einer Frau oder zwischen einem Liebhaber und der Geliebten möglich sind.« Demnächst werde er heiraten, ein junges, fügsames Mädchen. Moralische Einwände läßt er nicht gelten: »Verschonen Sie mich damit, Väterchen. Ich bin ein sündhafter Mensch. Hol's der Teufel. Das Volk säuft, die gebildete Jugend geht vor Nichtstun in unmöglichen Träumen und Phantasien auf, verkrüppelt in lauter Theorien. Irgendwoher sind Juden herbeigeströmt und hamstern Geld, alles übrige aber ergibt sich der Unzucht.« Da er Raskolnikows Geheimnis kennt, macht er ihm einen Vorschlag: »Fahren Sie schleunigst irgendwohin nach Amerika. Fliehen Sie, junger Mann! Vielleicht ist noch Zeit. Aber es fehlt wohl an Geld? Ich gebe es Ihnen zur Reise.« Aber Raskolnikow lehnt ab.

Swidrigailow verläßt das Restaurant und trifft sich in seiner Wohnung mit Dunja. Aus seinem Brief weiß sie, daß ihr Bruder der gesuchte Mörder ist. Sie fragt Swidrigailow nach den Gründen. Er erzählt von den Theorien ihres Bruders, von seinem Ehrgeiz und Stolz und daß Napoleon sein Vorbild war. »Russische Menschen sind überhaupt breite Naturen, neigen zum Phantastischen, Ungeordneten.« Wieder macht er den Vorschlag zur Flucht: »Man kann ihn noch retten. Ein einziges Wort von Ihnen, und er ist gerettet. Ich werde ihn sofort ins Ausland bringen. Wozu brauchen Sie Rasumichin? Ich liebe Sie gleichfalls.« Plötzlich zieht sie eine Pistole aus der Tasche. »Das ist ja mein Revolver. Unser Schießunterricht auf dem Lande. Sie scheinen vergessen zu haben, wie Ihre Zuneigung erwachte und Sie weich wurden?« Noch nie hatte er sie so schön gesehen. Als er auf sie zutritt, schießt sie. Die Kugel streift ihn am Kopf. Beim zweiten Schuß versagt die Waffe. »Du liebst also nicht? Niemals? – Niemals! flüsterte Dunja. – Gehen Sie schnell fort! Ein seltsames Lächeln verzog sein Gesicht, ein armseliges, trauriges, schwaches Lächeln der Verzweiflung.« Er nimmt den Revolver und verläßt die Wohnung.

Den Abend verbringt er in verschiedenen Wirtshäusern. Wolken ziehen auf, und es beginnt zu regnen. Wie Raskolnikow unter der Hitze der Großstadt leidet, so stehen Swidrigailows letzte Stunden im Zeichen strömenden Regens. Er redet noch einmal mit Sonja und schenkt ihr dreitausend Rubel. »Rodion Romanowitsch hat zwei Auswege: entweder eine Kugel durch den Kopf oder Sibirien. Ich weiß alles, werde es aber niemandem sagen. Sie werden ihm doch nach Sibirien folgen? Geben sie das Geld zur Aufbewahrung Rasumichin. – Wohin wollen Sie, es regnet doch? – Nun, wer nach Amerika reisen will, darf sich vor Regen nicht fürchten.« Auch von seiner Braut und deren Eltern verabschiedet er sich und schenkt ihnen eine hohe Geldsumme. Dann nimmt er in einem abgelegenen Gasthaus ein Zimmer, eine kleine Kammer mit schmutzigem Mobiliar. Hier trinkt er Tee und denkt nach, über Raskolnikow und über sich. Phantasiebilder steigen auf. Er sieht Blumen um sich, ein blühende Landschaft, ein Fest, es ist Pfingsten, eine Freitreppe mit Rosen. Er steigt hinauf und gelangt in einen blumengeschmückten Saal. Auf einem Tisch ein Sarg, darin ein totes Mädchen. Er kennt sie: eine Selbstmörderin, erst vierzehn Jahre alt – sie hat sich ertränkt.

Er erwacht, kommt wieder zu sich und geht ans Fenster. Ein Kanonenschuß ertönt: Ein Signal – das Wasser steigt, dachte er. Er steht auf und zieht sich an, will das Hotel verlassen. In einer Ecke des Flurs entdeckt er ein kleines Mädchen. Mitleidig trägt er sie in sein Zimmer und legt sie aufs Bett. Aber sie beginnt zu lachen: »Etwas Freches und Herausforderndes sprach aus diesem gar nicht kindlichen Gesicht; das ist das Laster; das Gesicht einer Kokotte, die nach ihm die Arme ausstreckt.« Noch so ein Alptraum. Am frühen Morgen verläßt er das Hotel und läuft durch die regennassen Straßen, als er das Gebäude einer Feuerwehr erblickt, davor einen Mann in Uniform und mit einem Messinghelm auf dem Kopf. Sie sehen einander an, Swidrigailow und der kleine Achill: »Ich reise in ein fremdes Land, Bruder. – In ein fremdes Land? – Nach Amerika. – Nach Amerika? Swidrigailow zieht den Revolver heraus und spannt den Hahn. – Solche Scherze sind hier nicht am Platz. – Das ist doch einerlei. Der Platz ist gut. Wenn man dich fragt, sag einfach, ich sei, so hätte ich gesagt, nach Amerika gereist.« Er setzt den Revolver an die Schläfe und drückt ab.

Raskolnikow bereitet inzwischen seine Mutter auf das Unvermeidliche vor: »Was auch geschehen sollte, was man Ihnen über mich sagen sollte, werden Sie mich weiter lieben? Sie sollten wissen, daß Ihr Sohn Sie mehr liebt als sich selbst. – Willst du etwa irgendwohin reisen? – Ja, ich verreise.« Die Mutter hatte schon lange begriffen, daß mit ihrem Sohn etwas Furchtbares vor sich ging. Dann reißt er sich los. In seiner Wohnung wartet Dunja auf ihn. Er beichtet ihr den Mord, bekennt, daß er in die Newa habe springen wollen, nun aber bereit sei, sich zu stellen. Dann noch ein schwacher Versuch zur Selbstverteidigung: »Was ist das für ein Verbrechen? weil ich eine bösartige Laus, eine alte Wucherin ermordet habe, und das soll ein Verbrechen sein? Ich wollte das Gute für den Menschen und hätte Hunderte, Tausende guter Werke vollbracht anstatt dieser einen Dummheit oder bloß Ungeschicklichkeit. Ich habe den ersten Schritt nicht ausgehalten, eben weil ich ein – Lump bin.« Aber er begreift, daß die Entscheidung gefallen ist, »daß alles jetzt in zwei Teile auseinanderbricht. Bin ich darauf vorbereitet? wozu diese Prüfung? Sollte man es aber wagen, mich nicht nach Sibirien zu schicken, so werden alle überschäumen vor Entrüstung. Oh, wie ich sie alle hasse.«

Auch Sonja gegenüber gibt er sich immer noch sarkastisch: »Es ärgert mich, daß alle diese dummen tierischen Fratzen mich gleich umringen, ihre Glotzaugen aufreißen, mich angaffen und befragen werden.« Vielleicht kann man noch alles korrigieren? Um Sonjas Bitte nach einem öffentlichen Geständnis »vor dem Volk« zu erfüllen, geht er zum Heumarkt: »In einer Woche, in einem Monat wird man mich in einem dieser Gefängniswagen irgendwohin über diese Brücke fahren, wie werde ich dann diesen Kanal ansehen? Wie die Aushängeschilder lesen?« Der Kontakt mit der Menge ist ihm unangenehm. Dann kommt es wie ein Anfall über ihn. Er stürzt nieder, verneigt sich, küßt die schmutzige Erde. Das Volk aber versteht nichts: »Sieh, wie der sich vollgesoffen hat! Lachen ertönt. – Einer von den Adligen. – Heutzutage sind sie nicht mehr zu unterscheiden, wer von Adel ist und wer nicht.« Er steht auf und begibt sich zum Polizeibüro. Dort trifft er nur den diensthabenden Stellvertreter an, der ihm eine überraschende Neuigkeit berichtet: »Heute früh erhielten wir Mitteilung über einen vor kurzem zugereisten Herrn, der sich drüben, jenseits der Newa, erschossen hat. Swidrigailow. Haben

Sie ihn gekannt? – Ja, ich habe ihn gekannt. – Er bittet, niemanden seines Todes wegen zu beschuldigen.« Raskolnikow verläßt wortlos das Büro, sieht aber vor dem Gebäude in einiger Entfernung Sonja, die ihn fassungslos anstarrt. Darauf kehrt er um, geht zurück ins Polizeibüro und gesteht: »Ich war es, der damals die alte Beamtenwitwe und ihre Schwester Lisaweta mit dem Beil erschlagen und beraubt hat.«

Seit neun Monaten, so beginnt der Epilog, befindet sich Raskolnikow in einem sibirischen Gefängnis. Im Prozeß hatte er alles gestanden und als Motive für den Mord seine soziale Lage, seinen leichtsinnigen Charakter und eine tiefe Verbitterung angegeben. Mit dem geraubten Kapital habe er sich seine Karriere sichern wollen. Das Urteil war milde ausgefallen: acht Jahre Zwangsarbeit. Rasumichin und Dunja wollen sich nach ihrer Heirat in Sibirien ansiedeln. Sonja verdient sich in einer nahe gelegenen Kleinstadt mit Näherei ihr Geld und berichtet den beiden ausführlich über Raskolnikows Leben im Gefängnis. Noch überwiegt in ihm der verletzte Stolz. Noch hält er seine Tat für einen Fehlschlag, der jedem passieren könne. »Wodurch, wodurch, dachte er, war meine Idee dümmer als die anderen Ideen und Theorien, die in der Welt umherschwirren? Das Gesetz wurde übertreten, und Blut ist vergossen – nun, so nehmt doch für den Buchstaben des Gesetzes meinen Kopf.« Ihn quält, daß er sich damals nicht das Leben genommen hat. Die Mitgefangenen verachten ihn. Er sei ein Gottloser. Und warum lieben alle Sonja? Man wußte, daß sie *ihm* gefolgt ist. Zu Ostern, während eines Aufenthalts in der Krankenstation, träumt er von einer seltsamen Krankheit, die sich über die Welt ausbreitet. Ein jeder glaubt sich im Besitz der Wahrheit, und man beginnt, sich gegenseitig auszurotten. Nur wenige können sich retten, um ein neues Menschengeschlecht zu begründen. Aber niemand hat sie gesehen, niemand ihr Wort und ihre Stimme gehört. Dieser letzte Traum deutet auf seinen endgültigen Abschied von der Idee der Beherrschbarkeit der Welt, sei es durch theoretische Wahrheiten, sei es durch egoistische Gewalt.

Bei der Arbeit schaut er immer wieder über den Fluß, hinüber in die Steppe, wo sich in der Ferne Nomadenzelte abzeichnen: »Dort herrschte Freiheit und lebten andere Menschen ...« Eines Tages, als ihn Sonja bei der Arbeit besucht, wirft er sich ihr zu Füßen. Er kann nicht begreifen, was mit ihm passiert ist, nur fühlen. Das Leben hat ihn wieder, und Sonja ist glücklich, daß dieser Augenblick gekommen ist. »Er weiß nicht einmal, daß er sein neues Leben würde teuer erkaufen, mit einer künftigen Tat bezahlen müssen. Aber hier fängt schon eine neue Geschichte an, die Geschichte der allmählichen Erneuerung eines Menschen, Thema einer neuen Erzählung. Unsere jetzige aber ist hier zu Ende.«

Der Idiot

Im Nachtzug von Warschau nach Petersburg sitzen sich zwei Reisende gegenüber, die, was ihr Äußeres betrifft, unterschiedlicher kaum sein könnten: schwarzhaarig, von kräftigem Körperbau der eine, bekleidet mit einem warmen, tuchüberzogenen Pelz aus schwarzem Lammfell. Auffällig sein blasses Gesicht mit den breiten Backenknochen und einem durchdringenden Blick aus kleinen, feurigen Augen. Der andere, schlank und etwas größer, hat blondes Haar und in einem feingeschnittenen Gesicht große blaue Augen. Ihm gehört nur ein armseliges Reisebündel, und er scheint in seinem unwattierten Stoffmantel zu frieren. Als sich der Zug am Morgen des naßkalten Novembertages der russischen Hauptstadt nähert, kommt man ins Gespräch. Der blonde junge Mann ist Fürst Lew Nikolajewitsch Myschkin, der wegen einer Nervenkrankheit lange Zeit in einem Schweizer Sanatorium behandelt wurde und nun in einer Rechtssache nach Petersburg fährt. Er möchte außerdem die Familie des Generals Jepantschin besuchen, mit dessen Frau, einer geborenen Myschkina, er verwandt zu sein glaubt. Sein Gegenüber, der Kaufmann Parfjon Semjonowitsch Rogoshin, hatte sich wegen einer Frau, Nastassja Filippowna Baraschkowa, mit seinem Vater zerstritten. Inzwischen ist der Vater gestorben, und der Sohn beabsichtigt, in Petersburg sein Millionenerbe anzutreten. In die Unterhaltung mischt sich ein dritter Fahrgast, ein Beamter namens Lukjan Lebedew, der alle gesprächsweise erwähnten Personen und ihre Beziehungen zueinander bis ins Detail zu kennen scheint.

Auf diese Weise werden die Hauptpersonen der Handlung vorgestellt, in deren Mittelpunkt Fürst Myschkin steht. Mit ihm wollte der Autor einen »vollkommen schönen Menschen« darstellen, nicht im Sinne klassischer Körper- oder Naturschönheit, sondern als Abglanz spiritueller Schönheit, einen Helden, der das ideale Wesen des Menschen in einer keineswegs idealen, modernen Welt aufscheinen läßt, eine Figur zwischen Christus und Don Quijote. Der Fürst geht im Kampf um die schöne und zugleich widersprüchliche Nastassja Filippowna mit seinem Rivalen, dem Kaufmann Rogoshin, ein eigentümliches Freund-Feind-Verhältnis ein. Um diese Dreiecksgeschichte gruppiert sich eine Reihe adliger Familien der Petersburger Oberschicht, die auf unterschiedliche Weise den Zustand der russischen Gesellschaft in den 1860er Jahren spiegeln: die Jepantschins mit ihren drei Töchtern Alexandra, Adelaida und Aglaja sowie die Iwolgins, deren Söhne Gawrila (Ganja) und Nikolai (Kolja) wie die Tochter Warwara bereits eigene Wege gehen.

Dostojewski verzichtet in diesem Roman auf die bisher bevorzugte novellistische Geradlinigkeit zugunsten szenischer Vielfalt und überlanger Dialoge. Die Handlung spielt vor der Kulisse mehr oder weniger luxuriös ausgestatteter Häuser und Wohnungen. So ergibt der erste Teil des Romans eine Szenenfolge, in deren Verlauf der Fürst am Tag seiner Ankunft zunächst die stattliche Villa der Jepantschins aufsucht, dann bei den Iwolgins ein Zimmer mietet und schließlich den Abend im Salon von Nastassja Filippowna verbringt.

General Jepantschin gehört zur begüterten Petersburger Mittelschicht. Er verfügt über Grundbesitz, betreibt aber auch erfolgreiche Geldgeschäfte. Seine Dienerschaft empfängt den Fürsten mißtrauisch, dessen Verhalten in der Tat wenig standesgemäß wirkt. Schon im Vorzimmer erzählt er unaufgefordert von einer Hinrichtung in Lyon, die er gesehen hat, und beschreibt die vermutliche Seelenlage des Verurteilten. Ein Trickbetrüger oder einfach ein Dummkopf? fragt sich der Kammerdiener. Auch der General begegnet dem Überraschungsgast mit Zurückhaltung. Ein entfernter Verwandter? Davon kann nicht die Rede sein. Er will ihn rasch wieder loswerden, ändert aber unter Myschkins freundlichem Blick plötzlich seine Meinung: »Wenn Sie tatsächlich das sind, was Sie scheinen, so wird es ein Vergnügen sein, Sie näher kennenzulernen!« Myschkin erzählt seine Lebensgeschichte. Offenherzig gibt er zu, daß seine Krankheit und die damit verbundenen epileptischen Anfalle, die ihn fast zu einem Idioten gemacht hätten, keineswegs auskuriert seien. Doch sei er bereit, seinen Unterhalt durch Arbeit zu verdienen. Der General überzeugt sich durch eine Schriftprobe von Myschkins kalligraphischen Fähigkeiten und bietet ihm eine Stellung an. Wohnen könne er bei den Iwolgins, den Eltern Ganjas, eines jungen Mannes, mit dem sich Jepantschin gerade unterhalten hat. Ganja zeigt dem General eine Fotografie jener Nastassja Filippowna, von der schon Rogoshin im Zug gesprochen hatte. Am Abend feiert sie ihren fünfundzwanzigsten Geburtstag, und Ganja, so der Wunsch des Generals, soll sich mit ihr verloben. Auch der Fürst betrachtet die Fotografie, auf der eine ungewöhnlich schöne Frau zu sehen ist, und berichtet von seiner Unterhaltung im Zug. »Würden Sie eine solche Frau heiraten? fragt Ganja. – Ich kann gar nicht heiraten, ich bin ja nicht gesund. – Aber würde Rogoshin sie heiraten? – Heiraten ja, aber nach einer Woche würde er sie vielleicht ermorden!«

Anschließend bittet man den Fürsten zur Generalin. Der Erzähler schildert vorab die Familienverhältnisse: Natürlich wollen die Jepantschins ihre Töchter vorteilhaft verheiraten und sind froh, daß sich für Alexandra, die älteste, ein geeigneter Bewerber gefunden hat: Afanassi Iwanowitsch Tozki, Gutsbesitzer und Großkapitalist, ein kultivierter Mann, Mitte Fünfzig und aus der besten Gesellschaft. Allerdings gibt es in seiner Vergangenheit einen dunklen Punkt: Vor achtzehn Jahren hat sich Tozki der zwölfjährigen Tochter seines verstorbenen Nachbarn Baraschkow angenommen, die Minderjährige später verführt und zu seiner Mätresse gemacht. Als er sich in vorgerücktem Alter standesgemäß verheiraten will, kommt die inzwischen erwachsene junge Dame, ebenjene schon erwähnte Nastassja Filippowna, nach Petersburg, um sich an ihm zu rächen. Als er sich um Alexandra Jepantschina bewirbt, vereinbart er mit ihrem Vater, dem General, Nastassja mit dem ehrgeizigen Ganja Iwolgin zu verheiraten. Tozki bietet ihr dafür 75 000 Rubel, gleichsam als Entschädigung für ihr verdorbenes Leben. Sie scheint interessiert, obwohl sie den Widerstand der Familie Iwolgin gegen diese Heirat kennt und auch weiß, daß Ganja sie nur des Geldes wegen heiraten würde. Sie verspricht, sich am Abend ihres Geburtstages zu entscheiden.

Der General hat inzwischen seine Frau über den Gast informiert: ein bedauernswerter Idiot, mittellos, aber durchaus gut erzogen und mit vorzüglichen Manieren. Neugierig empfängt sie den Fürsten im Kreis ihrer Töchter. Die Damen sind nicht ganz sicher: ein Schlaukopf, der eine Rolle spielt, oder doch ein Idiot? Myschkin erzählt sogleich treuherzig drauflos: wie er in die Schweiz gekommen sei und sich fremd gefühlt habe, bis ihn der Schrei eines Esels aufmunterte: »Ein Esel ist immer ein gutherziger und nützlicher Mensch.« Allgemeines Gelächter. Er spricht von der Schweizer Landschaft, der Einsamkeit in der Natur, vom abgeschiedenen Leben im Dorf und von der Hinrichtung in Lyon. Die Frage, ob er jemals verliebt gewesen sei, verneint er: »Ich bin anders glücklich gewesen.« Die Dorfkinder in der Schweiz hätten ihn geliebt, besonders Marie, ein armes, unglückliches Mädchen, das man verführt hatte und das deswegen im Dorf, selbst von ihrer eigenen Mutter, verachtet wurde. Er habe Marie geholfen und auch die anderen Kinder überzeugt, ihr zu helfen. In bezug auf seine Krankheit fügt er hinzu: »Wie kann ich ein Idiot sein, wenn ich begreife, daß man mich für einen solchen hält?« Die Generalin ist fasziniert: »Ihren Charakter halte ich dem meinen für vollkommen ähnlich.« Als die Rede auf Aglaja kommt, meint er, sie sei eine außergewöhnliche Schönheit, fast so schön wie Nastassja Filippowna. Auf Wunsch der erstaunten Generalin holt Myschkin die Fotografie aus dem Arbeitszimmer ihres Mannes: »Eine solche Schönheit ist eine große Macht«, sagt Adelaida.

Bei den Iwolgins lernt der Fürst Ganjas Schwester Warwara, den jüngeren Bruder Kolja, ihre Mutter und schließlich den Hausherrn selbst kennen, einen nachlässig gekleideten und angetrunkenen Ex-General, der spontan behauptet, Myschkins Vater gekannt zu haben. *Mon mari se trompe*, sagt seine Frau leise, längst an seine betrunkene Phantasie gewöhnt. Dann fragt sie ihren Sohn Ganja, ob er denn wirklich heiraten wolle, »wenn du sie doch gar nicht liebst«. Als es plötzlich klingelt, öffnet der Fürst die Haustür. Vor ihm steht – Nastassja Filippowna. Ganja stellt seiner Braut *in spe* die Familie vor. Der alte Iwolgin setzt sich sogleich mit Lügengeschichten in Szene. Sie nutzt die Situation und provoziert die Anwesenden mit Ironie und Sarkasmus. Ganja schämt sich für den Vater und für die Familie, die ihr soziales Prestige längst verloren hat. Wieder klingelt es. Mit einer Horde zweifelhafter und ziemlich betrunkener Burschen stürmt der Kaufmann Rogoshin herein, wütend auf Ganja und dessen Heiratsabsicht. In seiner Leidenschaft bietet er 100000 Rubel, um Nastassja freizukaufen. Findet sich denn niemand, diese schamlose Person hinauszuwerfen! ruft Warwara mit Blick auf Nastassja. Es kommt zu Handgreiflichkeiten. Als Nastassja wie auch Rogoshin mit seiner Bande das Haus verlassen, beruhigen sich die Iwolgins. Ganja bekennt dem Fürsten seine Lebensphilosophie: »Geld will ich haben, Geld! Sobald ich Geld habe, werde ich im höchsten Grade originell sein!«

Am Abend begibt sich Myschkin ohne Einladung zu Nastassjas Geburtstagsfeier. Die Gastgeberin freut sich aufrichtig über sein Erscheinen. Da alle von ihrer bevorstehenden Entscheidung wissen, herrscht eine gewisse Spannung. Man beginnt ein Gesellschaftsspiel: Wem das Los zufällt, der muß eine unrühmliche Tat aus seinem Leben gestehen. Die Reihe kommt an den bereits bejahrten Tozki. Nachdem er seine Geschichte erzählt hat, unterbricht Nastassja unvermutet das Spiel und fragt den Fürsten: »Soll ich heiraten, oder soll ich nicht heiraten? Was Sie sagen, das werde ich tun! – Wen heiraten? – Gawrila Ardalionowitsch Iwolgin. – Nein, heiraten Sie nicht!« sagt Myschkin leise. Tozki und Jepantschin protestieren: »Was hat der Fürst damit zu tun? – Der Fürst? entgegnet Nastassja, ist der erste mir wirklich zugetane Mensch, dem ich in meinem Leben begegnet bin!«

Da ertönt im Vorzimmer die Glocke, und die Zofe meldet den Kaufmann Rogoshin mit seiner Begleitung. Als Rogoshin ein in Zeitungspapier gewickeltes Paket – die versprochenen 100000 Rubel – auf den Tisch legt, stellt sich Nastassja nahezu triumphal als schamlos und käuflich dar, wirft Ganja seine Geldgier vor und beschuldigt Tozki, sie zur Straßendirne gemacht zu haben. Einer der Gäste wirft ein: »Der Fürst würde Sie nehmen! – Ja, sagt der Fürst, als ehrbares Weib. Ich bin nichts, Sie aber haben gelitten und sind aus einer solchen Hölle rein hervorgegangen, ich liebe Sie!« – Man ist verwundert, und einige Anwesende können ein spöttisches Lachen kaum verbergen. »Vielleicht werden wir eines Tages sehr reich sein«, fährt Myschkin fort und weist einen Brief vor, in dem von einer Erbschaft die Rede ist. Nastassja lacht: »Anderthalb Millionen, dazu einen Fürsten und überdies noch, wie es heißt, einen Idioten, was will man mehr?« Der Fürst bleibt bei seinem Antrag, aber sie lehnt ab: »Diesen jungen Mann da sollte ich zugrunde richten? Das wäre ja ganz nach Tozkis Geschmack, der liebt ja halbwüchsige Kinder! Ich bin doch Tozkis Konkubine gewesen, Fürst! Du brauchst jetzt eine Aglaja Jepantschina, aber nicht mich. Fahren wir, Rogoshin!« Sie wirft das Geldpaket ins Kaminfeuer und fordert Ganja auf, es herauszuholen. Eine überspannte Geste, der dramatische Höhepunkt des Abends. Man ist schockiert: Wird das Geld tatsächlich verbrennen? Ganja hält die Folter nicht aus und fällt in Ohnmacht. »Seine Eitelkeit ist noch größer als seine Geldgier«, bemerkt Nastassja und schenkt ihm das Paket, das sie aus dem Feuer geholt hat. Dann verläßt sie mit Rogoshin die Wohnung. Der Fürst eilt ihr spontan nach. Die anderen Gäste verlassen nach diesem Skandal verwundert und kopfschüttelnd den Salon.

Damit endet der erste Teil des Romans. Danach scheint es zunächst, als habe der Erzähler den Faden verloren: Fürst Myschkin sei nach dem Abend bei Nastassja Filippowna nach Moskau abgereist. Über seine monatelange Abwesenheit von Petersburg könne man jedoch nichts Näheres berichten. Es gäbe nur Vermutungen und Gerüchte: Nastassja sei vor Rogoshin aus Moskau geflohen und auch Myschkin sei verschwunden. Natürlich war Alexandras Heirat mit Tozki nicht zustande gekommen. Dafür aber habe ein gewisser Fürst Sch., ein vornehmer und reicher Moskauer Aristokrat, um Adelaida angehalten, und sein Freund Jewgeni Radomski, ein junger und, wie es hieß, ungemein reicher Offizier, habe sich in Aglaja verliebt.

Anfang Juni übersiedeln die Jepantschins in ihr Landhaus nach Pawlowsk. Wenig später trifft Fürst Myschkin wieder in Petersburg ein und steigt im Gasthof *Zur Waage* ab. Er kehrt diesmal als reicher Mann zurück. Bisher eher an der Peripherie des Geschehens in Erscheinung getreten, erregt er jetzt mit seinem Vermögen das bevorzugte Interesse der Gesellschaft. Zunächst besucht er Lebedew und bezichtigt ihn der Kuppelei: Rogoshin halte sich seit langem in Petersburg auf, und er, Lebedew, habe ihn sicher wieder mit Nastassja zusammengebracht! »Sie ist schon damals in Moskau zu mir geflüchtet«, rechtfertigt sich Lebedew. Er habe die Begegnung hier zwar vermittelt, aber den Eindruck gewonnen, daß sie Rogoshin gar nicht heiraten wolle. Um Näheres zu erfahren, begibt sich Myschkin zu Rogoshin.

Der Kaufmann bewohnt ein großes, düsteres Haus von schmutziggrüner Farbe. »Dein Haus hat die Physiognomie eurer ganzen Familie und eures ganzen Rogoshinschen Lebens, bemerkt der Fürst. Wie finster es hier ist!« An den Wänden hängen nachgedunkelte Ölgemälde, auf dem Tisch liegen Bücher. »Wirst du sie hier heiraten? fragt der Fürst. – Ja. – Bald? – Hängt es denn von mir ab? – Ich will sie bereden, ins Ausland zu fahren. Eine Heirat mit dir wäre euer unbedingtes Verderben. Ich liebe sie nicht ›aus Liebe‹, sondern ›aus Mitleid‹.« Rogoshin spürt nichts als Eifersucht: »Sie haßt mich mehr als alles andere. Sie hat mich betrogen und verspottet. – Wie kannst du sie dann heiraten? – Sie vermutet, daß ich sie ermorden werde.« Rogoshin ist verzweifelt: »Was meinst du zu alledem, Lew Nikolajewitsch? – Wie denkst du selber darüber? – Denke ich denn überhaupt? – Du wirst sie um dieser Liebe, dieser Qual willen gar zu sehr hassen. Wie kann sie dich jetzt noch heiraten wollen? – Nein, das ist unmöglich. Sie liebt einen anderen. Das bist du!« Zerstreut spielt der Fürst mit einem Messer, das ihm Rogoshin mehrmals aus der Hand reißt. Dann geleitet er den Gast hinaus. Über der Tür hängt eine Kopie von Holbeins *Christus im Grabe*, der naturalistischen Wiedergabe eines Leichnams. »Vor diesem Bild kann manch einem jeder Glaube vergehen.« – »Der vergeht ohnehin«, meint Rogoshin. Auf seine Frage, ob Myschkin an Gott glaube, antwortet der Fürst ausweichend und sagt am Schluß: »Das Wesen des religiösen Gefühls ist mit dem Verstand nicht zu erfassen und wird in alle Ewigkeit stets andersartig sein.« Sie tauschen die Kreuze, Parfjon gibt sein goldenes für Myschkins billiges Zinnkreuz. Dann führt Rogoshin den Gast zu seiner Mutter, die ihn spontan segnet. Zum Schluß umarmt er den Fürsten: »Sie sei dein! Ich trete zurück! Gedenke Rogoshins!«

Am Nachmittag dieses schönen Frühsommertages schlendert der Fürst durch Petersburg. Er hat das Bedürfnis nach Einsamkeit, doch glaubt er sich ständig beobachtet, verfolgt von den Augen Rogoshins. Plötzlich erfaßt ihn eine »außergewöhnliche Steigerung des Selbstbewußtseins«, ein Zustand, den er als »höchste Stufe der Harmonie und Schönheit« empfindet, als »Fülle und Synthese des Lebens«. Er denkt an die Worte der Apokalypse, daß *hinfort keine Zeit mehr sein soll*. Erste Symptome eines Anfalls? Die Gedanken verwirren sich. Als er in seinem Gasthof die dunkle Treppe hinaufgeht, fällt ihn Rogoshin mit einem Messer an. »Parfjon, ich glaub's nicht!« In Myschkins Innerem erstrahlt plötzlich ein unbeschreibliches, nie dagewesenes Licht und erhellt seine Seele. Danach überkommt ihn der Anfall: Er stößt einen entsetzlichen Schrei aus und verliert das Bewußtsein, fällt in »tiefe Finsternis«. Rogoshin verschwindet.

Kolja Iwolgin findet den bewußtlosen Myschkin und bringt ihn mit Lebedews Hilfe nach Pawlowsk, wo reiche Villen und Sommerhäuser in einer idyllischen Parklandschaft die Kulisse für den weiteren Handlungsverlauf abgeben. Zu dem Landhaus, das der Fürst gemietet hat, gehört eine geräumige Veranda, auf der in großen Kübeln Pomeranzen-, Zitronen- und Jasminbäume stehen. Dort erscheint die Generalin Jepantschina mit ihren drei Töchtern in Begleitung des Fürsten Sch. Wenig später treffen Ganja und der alte Iwolgin ein. Zunächst reden alle durcheinander. »Du bist doch nicht verheiratet?« erkundigt sich die Generalin. Der alte Iwolgin behauptet, er habe Aglaja auf den Armen getragen, als sie noch ein Kind war, und sagt zufällig die Wahrheit. Man unterhält sich über Puschkins Ballade *Der arme Ritter*, und Aglaja erklärt, daß darin ein Mensch geschildert werde, der ein Ideal hat, für das er bereit sei, sein Leben zu opfern, etwas Lichtes, das Bild einer reinen Schönheit. Der arme Ritter sei ein Don Quijote, gar nicht komisch, sondern ernst und tragisch aufgefaßt. Pathetisch trägt sie die Ballade vor, zitiert allerdings die Inschrift auf dem Schild des Ritters abweichend vom Original: an die Stelle von A(ve) M(aria) D(ei) setzt sie die Buchstaben N(astassja) F(ilippowna) B(araschkowa). Der Fürst ist beunruhigt: Hat sie mit dem armen Ritter vielleicht ihn gemeint? Will sie ihn verspotten?

Ein neuer Zwischenfall kündigt sich an. Vier junge Leute möchten Myschkin in einer geschäftlichen Angelegenheit sprechen. Im Namen der Gerechtigkeit fordern sie Geld von ihm. Aufklärung bringt ein satirischer Zeitungsartikel, eine boshafte Persiflage der Lebensgeschichte des Fürsten: Ein Angehöriger des Adels, so heißt es dort, habe sich auf Kosten des reichen Herrn P. in der Schweiz wegen Idiotie behandeln lassen und inzwischen Millionen geerbt. Ein Rechtsanwalt findet heraus, daß der inzwischen verstorbene Herr P. einen illegitimen Sohn hat, so daß alles Geld, das P. für den Idioten ausgegeben hat, eigentlich diesem Sohn zusteht. Juristisch aber sei dem Adelssproß nicht beizukommen. Daher müsse man an die Öffentlichkeit gehen. Die jungen Leute, unter ihnen der angebliche Sohn des Herrn P., fordern eine Entschädigung. Der Fürst kann beweisen, daß der Artikel falsche Behauptungen aufstellt. Die ganze Geschichte habe ein windiger Advokat erfunden, der von ihm Geld erpressen wolle. Derjenige, der die Geldforderungen erhebe, könne nachweislich gar nicht der Sohn seines einstigen Gönners sein. Trotzdem wäre er, Myschkin, bereit, dem jungen Mann 10000 Rubel zu zahlen.

Die rebellischen Jugendlichen sind verunsichert, als ihre Erpressungsgeschichte auffliegt, und ziehen sich zurück. Nur einer von ihnen, der schwindsüchtige Ippolit Terentjew, verteidigt das geplante Unternehmen. Als man ihn mitleidig belächelt, gerät er in Wut und beschimpft den Fürsten: »Ich hasse Sie, Sie Jesuit, Sie erbärmliche Sirupseele, Sie Idiot, Sie Millionär und Wohltäter, mehr als alles auf der Welt. Sie haben mich, den Sterbenden, dieser Schmach ausgesetzt. Ich verfluche Sie ein für allemal!« Die Gesellschaft will nach dieser Tirade gerade die Veranda verlassen, als Nastassja Filippowna aus einer vorüberfahrenden Kalesche dem in Aglaja verliebten Radomski zuruft, Rogoshin habe seine Wechsel aufgekauft! Der verwirrte Radomski weiß von keinen Wechseln und auch nicht, was diese Provokation zu bedeuten hat. Nastassja wohnt schon seit Tagen in Pawlowsk, verdreht allen Männern den Kopf und tritt mit einer solchen Eleganz auf, daß alle Damen sie wegen ihres Geschmacks, ihrer Schönheit und ihrer prachtvollen Equipage beneiden.

Am Nachmittag des nächsten Tages besucht die Generalin Jepantschina den Fürsten. Sie fürchtet, Aglaja könnte sich zu sehr für ihn interessieren, wo er doch, wie alle Welt glaubt, in Nastassja verliebt sei? »Schwöre, daß du nicht gekommen bist, um *jene* zu heiraten! Aglaja liebt dich nicht, und ich gebe sie dir auch nicht!« Der Fürst kann sie beruhigen: Sie habe ihm gerade ihr Haus verboten. Da aber fordert ihn die Generalin auf, sie unverzüglich dorthin zu begleiten: »Einen Narren braucht sie, gerade so einen wie dich!« Myschkin gerät immer mehr in den Sog der unterschiedlichen Familien- und Geldinteressen, die er zwar intuitiv durchschaut, in deren Durcheinander er sich aber nicht zu plazieren weiß. Das gilt auch für die zentrale Liebesgeschichte. Zweifellos fühlt er sich zu Nastassja hingezogen und kann den eifersüchtigen Rogoshin nicht davon überzeugen, daß er für sie nur Mitleid empfindet. Andererseits verwirrt ihn die offensichtliche Sympathie, die ihm Aglaja Jepantschina entgegenbringt.

Unterdes quält sich die Generalin Jepantschina mit dem Gedanken, sie sei mit ihrem impulsiven Charakter vielleicht schuld daran, daß man ihrer Familie den gebührenden Respekt versage: »Originale sind wir, unter Glas müßte man uns ausstellen, mich als erste. Und dann kommt noch dieser lächerliche Idiot und bringt alles durcheinander! Gott sei Dank, Adelaida hat sich verlobt, wenigstens eine vom Halse.« Die größte Sorge bereitet ihr Aglaja: Sie ist ganz wie ich, ein schlechtes, vom Teufel besessenes Ding, eine Nihilistin!

Die Jepantschins haben sich am Abend vor einem Konzertbesuch auf ihrer Veranda versammelt. Auch der Fürst ist eingeladen. Man unterhält sich über den wachsenden Einfluß liberaler und sozialistischer Ideen in Rußland. Ein Angriff auf die bestehende Ordnung, schimpft Radomski. Auch die derzeit übliche Gerichtspraxis kommt zur Sprache: Mörder und Gewaltverbrecher werden freigesprochen, empört sich Radomski, weil liberale Anwälte die Tat aus scheinbar berechtigten Motiven, etwa aus sozialer Armut, erklären. Fürst Sch. dagegen lobt die reformierte Justiz in Rußland. Myschkin hält ihm entgegen, daß der Verbrecher in der Vergangenheit sich seiner Schuld bewußt gewesen sei, während er neuerdings seine Tat zu rechtfertigen versuche.

Dann spaziert man zum Pawlowsker Bahnhofskonzert, und der Fürst erklärt unterwegs, man solle ihm seine Fehler nachsehen: »Ich habe kein Maßgefühl; meine Worte entsprechen nicht meinen Gedanken.« Verlegenes Schweigen ringsum. Aglaja fährt ihn an: »Warum sagen Sie das, Sie sind ehrlicher als alle. Haben Sie gar keinen Stolz?« – Zugleich distanziert sie sich von ihm: »Warum werde ich Ihretwegen gequält? Unter keiner Bedingung werde ich Sie heiraten!« Myschkin beruhigt sie, er habe nie die Absicht gehabt, sie zu heiraten. Irgendwo in der Menge glaubt der Fürst ein blasses Gesicht mit schwarzem krausem Haar zu erkennen. Dann entdeckt er in einer Gruppe junger Leute Nastassja Filippowna. In ihrem Gesicht liegt etwas Qualvolles: Diese Frau ist irrsinnig. Sie geht direkt auf Radomski zu: »Ich dachte schon, du wärst dort bei deinem Onkel? Weißt du es noch nicht? Er hat sich erschossen, und es fehlen 350000 Rubel in der Staatskasse!« Radomskis Begleiter in Offiziersuniform meint, man solle diese Dame mit der Reitgerte belehren. Sie aber nimmt einem jungen Mann das Spazierstöckchen aus der Hand und schlägt dem Offizier ins Gesicht. Als er sich auf sie stürzt, hindert ihn Myschkin an einer Tätlichkeit.

Der Vorfall hat die Jepantschins entsetzt. Aglaja fragt den Fürsten, ob er sich nicht vor einem Duell fürchte: »Können Sie schießen? Kaufen Sie sich eine Pistole, und lernen Sie zu laden!« Doch Myschkin nimmt die Sache nicht ernst. Ein Feigling ist er jedenfalls nicht. Auf dem Rückweg erklärt ihm General Jepantschin, auch dieses Spektakel gehöre zu Nastassjas Intrige. »Sie ist geisteskrank«, murmelt der Fürst. »Aber der Onkel hat sich tatsächlich erschossen«, weiß der General zu berichten. Nach seiner Meinung möchte Nastassja den Fürsten mit Aglaja verheiraten und versucht deshalb, mit ihren Attacken Radomski als potentiellen Bewerber von den Jepantschins fernzuhalten.

Aglaja bittet Myschkin um ein Rendezvous im Park am nächsten Morgen um sieben Uhr. Energisch verdrängt er den Gedanken, sie könne in ihn verliebt sein. Liebe zu »einem solchen Menschen wie er« hält er für unmöglich. Nastassja Filippowna läßt ihm durch Rogoshin bestellen, er solle unbedingt zu ihr kommen: – Sie will dich mit Aglaja verheiraten und schreibt sogar Briefe an sie. – Morgen ist mein Geburtstag, sagt Myschkin und lädt Rogoshin auf ein Glas Wein zu sich ein.

Auf der Veranda des Fürsten hat sich an diesem Abend bereits eine Gesellschaft eingefunden, die seinen Geburtstag im voraus feiert, und der Fürst ist in glücklichster Laune. Lebedew ist gerade dabei, den Anwesenden die Apokalypse zu deuten: Nicht die Eisenbahnen seien schuld an der gegenwärtigen Misere, sondern die ganze Richtung der letzten Jahrhunderte in Wissenschaft und Praxis seien verflucht. Der Teufel beherrsche die Menschheit bis zum Ende der Zeiten. Die »Quellen des Lebens« würden getrübt durch eine Entwicklung, deren Sinnbild die Eisenbahn ist. Der kranke Ippolit, der sich inzwischen beim Fürsten einquartiert hat, bittet die Gesellschaft um Aufmerksamkeit: Er habe nur noch etwa einen Monat zu leben und möchte seine »letzte Wahrheit« mitteilen. In dieser Absicht liest er eine Art Bekenntnis vor: *Meine notwendige Erklärung – après moi le déluge*. Im Hause Rogoshins habe er Holbeins *Christus im Grabe* gesehen, die naturgetreue Darstellung einer Leiche, die jeden Gedanken an eine Auferstehung vertreibe. Die Natur erscheine ihm seither wie ein riesiges, unerbittliches Tier oder eine Maschine neuester Konstruktion, die lebende Wesen verschlingt und sinnlos zermalmt. So sei er zu seiner »letzten Überzeugung« gelangt und habe beschlossen, sich bei Sonnenaufgang in Pawlowsk zu erschießen: »Was soll ich als ein Ausgestoßener inmitten dieser Schönheit? Religiöse Demut ist hier unangebracht. Die Fehler der Welt sind nicht meine Schuld. Lassen wir die Religion lieber aus dem Spiel. Selbstmord ist die einzige Tat, die ich aus freiem Willen begehen kann: Ein Protest ist manchmal keine kleine Tat!«

Auf den gottlosen Zynismus Ippolits reagiert man gelangweilt und mißvergnügt. Er wird sich natürlich nicht erschießen! Und wenn doch? fürchtet Lebedew, ich bin der Hausbesitzer! Man schickt sich zum Gehen an. Am Ausgang der Veranda setzt Ippolit tatsächlich seine Pistole an die Schläfe und drückt ab. Der Schuß versagt. Der theatralische Abgang findet nicht statt. Der ehrgeizige Ippolit bricht zusammen. Myschkin ist beeindruckt: Das Bewußtsein des nahen Todes zwingt zu der Frage nach Sinn oder Unsinn des Lebens, so wie bei dem Mann kurz vor der Hinrichtung, den er in Lyon gesehen hat.

Schon gegen vier Uhr morgens geht er in den Park zum Rendezvous, setzt sich auf eine Bank und schläft ein. Im Traum sieht er Nastassja, die ihm winkt, ihr zu folgen. Ein helles Lachen weckt ihn auf. Vor ihm steht Aglaja, die sich ihm offenbart: »Ich halte Sie für den ehrlichsten und wahrheitsliebendsten Menschen, und auch Ihr Verstand ist durchaus in Ordnung. Ich will aber nicht, daß man mich ständig verheiratet, und möchte weglaufen, das Ausland sehen, in Paris studieren und in Rom leben, nicht bloß Generalstöchterchen sein.« Am liebsten würde sie mit ihm fliehen. Dann aber wechselt ihr Tonfall. Eifersüchtig und gereizt fährt sie ihn an: »Sie haben mir einmal einen Liebesbrief geschrieben, als Sie mit dieser abscheulichen Frau zusammen lebten! Ich aber liebe nicht Sie, sondern Gawrila Iwolgin! – Das ist nicht wahr! – Und mit dem *Armen Ritter* wollte ich Sie loben und zugleich brandmarken. Sie sind doch nur ihretwegen hergereist? – Ja, ihretwegen.« Doch Myschkin bestreitet eine engere Beziehung zu Nastassja: »Ich will ihr nur helfen. Ich liebe sie nicht. Diese unglückliche Frau fühlt sich schuldig und lasterhaft, und sie genießt diese Selbsterniedrigung. Sie tut mir leid. – Wissen Sie, daß sie mir täglich Briefe schreibt? Sie beschwört mich, Sie zu heiraten, obwohl sie in Sie verliebt ist. – Ein Beweis für ihren Wahnsinn! Ich kann mich aber nicht für sie opfern. In ihrem Stolz würde sie mir meine Liebe nicht verzeihen, und wir würden beide zugrunde gehen. – Sorgen Sie dafür, daß sie mir keine Briefe mehr schreibt. Ich werde Gawrila Ardalionowitsch heiraten und mit ihm fliehen!« Wütend beendet Aglaja das Gespräch und verläßt den Fürsten.

Bei seinem abendlichen Spaziergang stellt sich Nastassja dem völlig in Gedanken vertieften Fürsten in den Weg. Wie wahnsinnig sinkt sie vor ihm auf die Knie: »Bist du jetzt glücklich? Du warst bei ihr? Ich reise morgen ab, wie du befohlen hast. Leb wohl!« Rogoshin begleitet sie zum Wagen, dreht sich aber, bevor sie einsteigen, kurz zu Myschkin um: »Bist du nun glücklich oder nicht? »Nein«, ruft der Fürst in grenzenloser Verzweiflung.

Eines wird deutlich: Myschkin ist weder Christus noch Don Quijote, vielmehr ein schwacher Charakter, der zunehmend unter Selbstzweifeln leidet. In der Konfrontation mit der Petersburger Gesellschaft wie auch in seinem eigentümlichen Verhältnis zu den beiden Frauen erscheint er passiv und unentschlossen. Doch bleibt er inmitten egoistischer Interessen und Intrigen »unschuldig«, indem er am Ideal festhält, an der christlichen Selbstaufgabe der Persönlichkeit zugunsten des anderen, stets bereit, zu vergeben oder sein Vermögen zu verschenken – ein Gegenpol zum ehrgeizigen Individualismus seiner Zeitgenossen. Vielleicht daher die immer wieder verblüffende Seherkraft, die Fähigkeit, den anderen intuitiv zu durchschauen? Daß er sich dabei hoffnungslos verstrickt, gehört, wie Nietzsche sagen würde, zur fatalen Dialektik einer Philosophie der Schwachen. In den Notizen zum Roman heißt es: *Der Idiot sieht alles Unheil. Zu kraftlos, um zu helfen*. Neben dem Vergleich mit Christus steht der Satz: *Vielleicht sollte man den Fürsten durchgehend als Sphinx darstellen?* Der »Kratereinsturz« (Walter Benjamin) am Ende des Romans ist vorprogrammiert.

Der vierte und letzte Teil nimmt das Anfangstempo der Romanhandlung wieder auf. Ganja Iwolgin wird von seinem Ehrgeiz geplagt, von einer qualvollen Sehnsucht nach Reichtum und Originalität. Seine Schwester, die aus praktischen Gründen einen

Geldverleiher geheiratet hat, versucht ihn mit Aglaja zusammenzubringen. Sie berichtet, daß man im Hause der Jepantschins den Fürsten neuerlich als Bräutigam Aglajas ansieht. »Hat sie ihm denn offiziell ihr Jawort gegeben? – Bis jetzt nicht, aber er strahlt förmlich und wirkt dabei sehr komisch.« Ganjas Vater, der alte Iwolgin, hat sich verändert. Seit Tagen ist er in einer Stimmung »schlimmster und launischster Hypochondrie« und droht, das Haus zu verlassen. Lebedew hat ihm einen Gelddiebstahl unterstellt und ihn damit in seiner aristokratischen Ehre zutiefst verletzt. Um seine Reputation wiederherzustellen, besucht er den Fürsten und offeriert ihm eine neue phantastische Lügengeschichte: Als Kind von zehn, elf Jahren sei er 1812 in Moskau Napoleon begegnet und habe mit ihm gesprochen. Der Kaiser habe ihn in seine Suite aufgenommen und zum Kammerpagen befördert. »Ihre Memoiren wären sicher sehr interessant«, wirft der Fürst höflich ein. »Sie sind schon niedergeschrieben und werden nach meinen Tod veröffentlicht, damit die Kritiker nicht schon heute über mich herfallen.« Im übrigen sei er es gewesen, der Napoleon dazu bewegt habe, Moskau wieder zu verlassen. Im Poesiealbum seiner dreijährigen Schwester habe er sich zum Abschied verewigt: *Ne mentez jamais. Napoléon, votre ami sincère*. Der Fürst ahnt, daß der Alte zu jener Kategorie von Lügnern gehörte, die letztlich argwöhnen, daß man ihnen doch nicht glaubt, so daß sie sich später schämen oder beleidigt fühlen. Noch am Abend erhält er einen Brief, in dem Iwolgin mitteilt, er werde sich von ihm trennen; das Mitleid des Fürsten sei mit der Würde eines ohnehin schon erniedrigten Menschen nicht vereinbar. Von »Schmach und Schande« verfolgt, verläßt Iwolgin in Begleitung seines Sohnes Kolja die Familie. Aber schon nach wenigen Schritten bricht er auf der Straße zusammen – ein Schlaganfall.

Der Fürst als Bräutigam Aglajas? Die Generalin ist beunruhigt. Ein kranker Idiot und Dummkopf, ohne Stellung und mit verbotenen demokratischen Ideen, der nicht im Staatsdienst steht? Haben wir für Aglaja eine solchen Mann erwartet? Immerhin, sie scheinen sich zu mögen. Myschkin und Aglaja spielen Schach oder Schafskopf, und sie schenkt ihm als »Zeichen größter Hochachtung« einen lebendigen Igel. Man lädt Myschkin zu einem Familientreffen. Aglaja befragt ihn hartnäckig, ob er denn nicht um ihre Hand anhalten wolle? »Ich ... halte um Ihre Hand an«, antwortet der Fürst beklommen. Die Familie glaubt, Aglaja liebe ihn, und sie selber entschuldigt sich später bei ihm für ihre Aufdringlichkeit. Er aber ist erleichtert, da nun alle Feindschaft zwischen ihnen ausgeräumt ist. Nur der General bleibt skeptisch. Wenige Tage später erklärt Aglaja gereizt und mit einem Seitenblick auf Nastassja, sie habe durchaus nicht die Absicht, irgendwelche Mätressen zu ersetzen.

Die Jepantschins beschließen, den Fürsten auf einer »schlichten Abendgesellschaft« als künftigen Bräutigam »vorzuführen«, und Aglaja versucht ihn darauf vorzubereiten. Eigentlich hält sie nichts von dem »Gesellschaftspack«, dem man sich nicht anbiedern solle, aber sie fürchtet, der Fürst könne unangenehm auffallen. Deshalb bittet sie ihn, nicht wieder so ausgefallene Themen wie die Todesstrafe oder die ökonomische Lage Rußlands anzusprechen, sondern möglichst zu schweigen. Als Myschkin am Abend im Salon erscheint, macht er auf die Gesellschaft anfangs einen sehr angenehmen Eindruck. Ihn wiederum fasziniert die »vornehme Welt«, die sich hier versammelt hat, der Zauber der eleganten Umgangsformen, die Schlichtheit und scheinbare Offenherzigkeit erscheinen ihm märchenhaft. Was ihm entgeht, ist das Künstliche dieser Gesellschaft, deren Vornehmheit er für bare Münze nimmt. Allmählich gerät er in eine fieberhafte Begeisterung und mischt sich, zunächst ganz zwanglos und anscheinend ohne jede Absicht, in das Gespräch.

Unter den Gästen ist ein Verwandter von Myschkins einstigem Wohltäter. Er erinnert sich noch des kranken Pflegekindes. Der Fürst ist nahezu »glückselig«, fühlt sich geschmeichelt: »Ich war doch damals ein vollständiger Idiot. Der verstorbene Pawlischtschew aber war ein außergewöhnlicher, hochherziger Mensch!« Die Gesellschaft wird aufmerksam. »Gab es da nicht die Geschichte mit einem Abbé?« mischt sich ein Gast ein, »einem Jesuiten? Pawlischtschew wollte doch zum Katholizismus übertreten? Er ist wirklich zur rechten Zeit gestorben!«

Entrüstet verteidigt Myschkin seinen Pflegevater: Wie hätte er, ein wirklicher Christ, zum unchristlichen Glauben übertreten sollen? Der Katholizismus verkünde doch einen entstellten Christus, predige den Anti-christ. Er läßt sich fortreißen: Der Papst habe sich des irdischen Thrones bemächtigt und die Ausbreitung des Atheismus begünstigt. Auch der Sozialismus entspringe dem katholischen Wesen. Man müsse eine Gegenwehr des Ostens gegen den Westen errichten, ihm die russische Auffassung entgegensetzen: »Unser Christus soll erstrahlen!« Man versucht ihn zu beruhigen er solle nicht übertreiben, aber der Fürst läßt sich nicht aufhalten: »Zeigen Sie dem russischen Menschen das russische Licht!«

Man ist bestürzt und verwundert über den Ausfall des ansonsten eher schüchternen Fürsten. Die Damen betrachten ihn bereits wie einen Irrsinnigen. Der Skandal kündigt sich an, als Myschkin in seiner Begeisterung eine teure chinesische Vase vom Sockel reißt. Er scheint außer sich. Man beruhigt ihn, auch wegen der Vase, und er ist dankbar dafür, sagt den Gästen Schmeicheleien, preist »unsere oberste Schicht« als elegant, offenherzig und klug, gibt zu, immer noch wie ein Kind zu sein, wo doch das Gefühl für Maß das allerwichtigste sei: »Ich rede, um uns alle zu retten, damit unser Stand nicht umsonst im Dunkel verschwindet. Lassen Sie uns Diener sein, um die Lenkenden sein zu dürfen. Sehen Sie ein Kind an, schauen Sie Gottes Morgenrot, betrachten Sie einen Grashalm, schauen Sie in die Augen, die Sie ansehen und lieben!« Er steht inmitten der Gäste, als der Anfall kommt. Nach einem wilden Schrei fällt er auf den Teppich. Das hat keiner erwartet. Die Gesellschaft geht unter Bedauern auseinander: »Ein Slawophiler oder so etwas, jedenfalls ungefährlich!« Später macht man seinem Unmut Luft, und nur die Generalin bleibt im Zweifel: als Freier ist er zwar »unmöglich«, aber als Mensch?

Am Morgen nach dem Anfall fühlt der Fürst eine unbestimmte Traurigkeit. Er hat den Eindruck, als würden alle etwas vor ihm verbergen. Die Jepantschins besuchen ihn und erkundigen sich nach seinem Befinden. Aglaja läßt ihm ausrichten, er möge bis zum Abend zu Hause bleiben. Wenig später informiert ihn Ippolit, daß an diesem Abend ein Treffen Aglajas mit Nastassja stattfinden werde, das er, Ippolit, auf Wunsch Aglajas arrangiert habe. Myschkin begreift, daß eine Entscheidung bevorsteht. Liebt oder haßt er Nastassja? Vor allem aber fürchtet er sie. Aglaja kommt zu ihm, und sie begeben sich gemeinsam zu Nastassja, wo sie Rogoshin schon vorfinden. Es kommt zum offenen Streit der Rivalinnen. »Sie lieben den Fürsten nicht, beginnt Aglaja, weil Sie eitel und ehrgeizig sind. Lieben können Sie überhaupt nur Ihre Schande und daß man Ihnen Unrecht getan hat. Ich bin in meinem Leben noch nie einem Menschen von so edler Schlichtheit und unbegrenztem Vertrauen begegnet. Jeder, der es nur will, kann ihn betrügen, und er wird jedem, der ihn betrügt, alles verzeihen. Deshalb gewann ich ihn lieb ... Mit welchem Recht schreiben Sie mir Briefe und erklären, daß Sie ihn lieben? Und spielen außerdem die Heiratsvermittlerin. Warum heiraten Sie nicht einfach Rogoshin?« – »Sie sind bloß eifersüchtig«, hält ihr Nastassja entgegen, »und Sie wollten sich nur persönlich überzeugen, ob der Fürst mich nicht doch mehr liebt als Sie.« Beide Frauen sehen wie irrsinnig den Fürsten an, der die Tragweite der Situation offenbar nicht begreift. Voller Schmerz und Haß schlägt Aglaja die Hände vors Gesicht und verläßt den Raum. Der Fürst will ihr nach, aber Nastassja hält ihn zurück. Da nimmt Rogoshin seinen Hut und geht. Als sie allein sind, streichelt Myschkin Nastassjas Haar und ihre Wangen, tröstet sie, wie man ein Kind beruhigt.

Zwei Wochen später, so erklärt der Erzähler, habe sich die Lage der handelnden Personen wesentlich verändert. Vieles sei ihm selber unerklärlich. Wie aber soll man etwas erzählen, wenn man selbst keine klare Vorstellung davon hat und keine persönliche Meinung äußern mag? Es bleiben nur Gerüchte und Mutmaßungen. Das neuerliche Abenteuer Myschkins, die skandalöse Vermählung des Fürsten mit einer »Halbweltdame«, wird in tausend Variationen verbreitet. Der Hochzeitstag ist auf Anfang Juni festgesetzt. Die Jepantschins, die er wiederholt aufsucht, lassen ihn nicht vor. Die Gesellschaft meidet ihn, bis auf Radomski, der ihn eines Tages besucht und ihm vom wiederhergestellten

Familienfrieden bei den Jepantschins berichtet, die inzwischen Pawlowsk verlassen haben. Er macht dem Fürsten Vorwürfe wegen der Beziehung zu Nastassja und wegen seines absoluten Mangels an Taktgefühl. Mit gesundem Menschenverstand und ein bißchen Psychologie erklärt er Myschkin dessen Fehlverhalten: Seine hochherzigen Auffassungen habe er öffentlich darlegen wollen und dabei Nastassjas brutalen Egoismus und unerträglichen Stolz übersehen, wodurch er Aglaja tief verletzte. Auch Mitleid muß Grenzen haben! »Handelt so ein Ehrenmann? Wo war denn Ihr so christliches Herz?« – »Ich verstehe bis heute nicht, wie alles gekommen ist«, verteidigt sich Myschkin. Er fürchte sich vor Nastassja und glaube, daß sie wahnsinnig sei. Auch habe er Aglaja später alles erklären wollen. »Wahrscheinlich haben Sie weder die eine noch die andere je geliebt. – Ich weiß nicht, vielleicht?« Kopfschüttelnd verläßt Radomski den Fürsten: »Armer Idiot. Was aus ihm jetzt wohl noch werden wird?«

In Myschkins Umgebung wird nur noch über die bevorstehende Hochzeit geredet. Lebedew warnt Myschkin vor Rogoshin. Die Sache sei noch nicht ausgestanden. Auch Nastassja fürchtet, Rogoshin werde sie noch vor der Hochzeit ermorden. Der Fürst aber liebt sie mit wahrhaft kindlicher Liebe und hofft, sie könne noch »auferstehen«. Sein eigenes Schicksal scheint für ihn keine Bedeutung mehr zu haben. Die Trauung ist für acht Uhr abends angesetzt. Als Nastassja im Begriff ist, das Haus zu verlassen, vor dem sich zahlreiche Schaulustige eingefunden haben, stürzt sie plötzlich die Treppe hinunter zu dem unweit stehenden Rogoshin: »Rette mich, bring mich fort!« Er trägt sie in eine Equipage und fährt mit ihr zum Bahnhof, wo sie den Zug nach Petersburg nehmen. Der an der Kirche wartende Fürst bleibt bei der Nachricht von Nastassjas Flucht »beispiellos philosophisch«. Am nächsten Morgen fährt auch er nach Petersburg.

Zuerst sucht er Rogoshin auf, trifft ihn aber nicht an. Als er zu den Fenstern hinaufschaut, meint er hinter dem Vorhang dessen Gesicht gesehen zu haben. Dann fährt er zur Stadtwohnung Nastassjas, doch ihre Vermieterin hat nichts von ihr gehört und ist zudem über die nicht erfolgte Trauung höchst verwundert. Auch der zweite Besuch bei Rogoshin ist umsonst. Nachdem er nochmals vergeblich die Vermieterin aufgesucht hat, geht er zu Fuß zurück zu jenem Gasthof, in dem ihm Rogoshin einst aufgelauert hat. Doch es hält ihn nicht im Hotelzimmer. Als er auf die Straße hinaustritt, spricht ihn plötzlich Rogoshin an: »Lew Nikolajewitsch, folge mir, Bruder! – Ist denn Nastassja Filippowna bei dir? – Ja, bei mir.« Im Hause Rogoshins angekommen, sieht Myschkin, daß hinter einem Vorhang, der das Schlafzimmer vom Arbeitszimmer trennt, jemand auf dem Bett liegt. Es ist ganz still in dem Raum. »Das hast du …? – Das hab ich …«, sagt Rogoshin ebenso leise. »Womit hast du sie denn … Mit einem Messer? Mit demselben? – Mit demselben. Aber es kam nur wenig Blut. – Eine innere Verblutung.« Sie schweigen. Rogoshin und Myschkin verbringen die Nacht in der Wohnung. Als man am Morgen gewaltsam eindringt, findet man beide: den Mörder in hohem Fieber und den Fürsten, der nicht mehr versteht, wonach man ihn fragt, und der auch niemanden mehr erkennt.

Aus einem Schlußwort erfährt der Leser, daß Rogoshin nach seiner Inhaftierung kuriert wurde und daß er im Prozeß die volle Wahrheit gesagt habe. Unter Zubilligung mildernder Umstände wurde er zu 15 Jahre Zwangsarbeit in Sibirien verurteilt. Die übrigen Personen der Erzählung setzten ihr Leben in gewohnter Weise fort. Als Radomski vom Zustand des Fürsten erfuhr, veranlaßte er dessen Rückführung in das Schweizer Sanatorium zu Professor Schneider. Er selbst wollte ins Ausland gehen, weil er sich in Rußland überflüssig fühlte. An Wera, die Tochter Lebedews, schreibt er ausführliche Berichte, auch über den hoffnungslosen Zustand des Fürsten. Von Interesse ist seine Mitteilung, daß Aglaja Jepantschina plötzlich einen reichen polnischen Grafen und Emigranten geheiratet habe, der, wie sich bald herausstellte, weder einen Grafentitel noch ein Vermögen besaß. Unter dem Einfluß eines katholischen Beichtvaters habe sich Aglaja auch religiös mit ihrer Familie entzweit. Ihre Mutter, die Generalin, war beim Anblick des Fürsten, der sie bei ihrem

Besuch in der Schweiz nicht mehr erkannte, in Tränen ausgebrochen. Enttäuscht von Europa, äußert sie in tiefer Resignation: »Es wird Zeit, zur Vernunft zu kommen. Dieses ganze Ausland ist nichts als Phantasie, und wir alle sind hier im Ausland nichts als Phantasie.«

Die Dämonen*

Dem Roman liegt ein realer Mordfall zugrunde. Am 21. November 1869 lockt Sergej Netschajew, der Anführer einer anarchistischen Terrorgruppe, den Studenten Iwanow, der sich von der Gruppe lösen wollte, in Moskau in einen Hinterhalt und tötet ihn. Diesen Vorfall nimmt der Autor zum Anlaß, mit dem revolutionär-terroristischen Sozialismus in Rußland abzurechnen. Als Motto wählt er das Gleichnis von den Teufeln, die aus einem Besessenen in eine Herde Säue fahren, sich mit ihnen in einen See stürzen und ersaufen (Lukas 8,32–36). Aber der Künstler in ihm tut sich schwer mit reiner Tendenz und Polemik. Während der Arbeit entfernt er sich immer mehr von dem beabsichtigten Pamphlet, und es entsteht ein ausufernder Roman, in dem das ursprüngliche Thema zu einer halb komischen Verbrechergeschichte geschrumpft ist. Nahezu alle Akteure scheinen jetzt von Dämonen besessen, die sie in die Irre führen. Dazu paßt eher das zweite Motto: Puschkin-Verse über eine von Teufeln begleitete Irrfahrt im Schneesturm.

Kaum ein anderes Werk Dostojewskis zeigt so viel Affinität zu Drama und Theater wie *Die Dämonen*: Die wesentlichen Episoden der Handlung sind szenisch angelegt, und der dominierende Darstellungsmodus ist der Dialog, die Figurenrede. Wir erleben die handelnden Personen wie auf einer Bühne vor wechselnden Kulissen. Vor ihrem ersten Auftritt werden Statur und Physiognomie, Kostüm, Gestik und Mimik wie Regieanweisungen

* Die deutsche Übersetzung des Titels schwankt zwischen *Die Dämonen* und *Die Teufel*, neuerlich auch *Böse Geister.* Etwas abgewandelt findet sich auch *Die Besessenen* (vgl. die Bühnenfassung von Albert Camus *Les Possédés*, 1958).

skizziert. Die Helden spielen eine oder mehrere Rollen in einem Stück, das sie zu kennen glauben. Aber getrieben von einem unsichtbaren Mechanismus, geraten sie am Ende in eine Katastrophe, die sie selbst bewußt oder unbewußt mit verursacht haben. In ihrer Verblendung übersehen sie die dämonischen Triebe, von denen sie gelenkt werden – Geltungssucht und ehrgeiziges Machtstreben, Fanatismus, Ignoranz und triebhafte Leidenschaft. Einige wirken in ihrer maßlosen Selbstüberschätzung eher komisch oder werden vom Autor bis ins karikaturhaft Groteske überzeichnet. Was fehlt, ist der rote Faden einer zusammenhängenden Romanhandlung. Der Ich-Erzähler Anton Lawrentjewitsch G-w versteht sich als »Chronist einer einmaligen und unerwarteten interessanten Begebenheit, die jüngst bei uns ganz plötzlich und unerwartet stattgefunden und uns alle in Erstaunen versetzt hat«. Aber aus seinem beschränkten Blickwinkel einer Romanfigur weiß er nur zu berichten, was er gesehen oder von anderen gehört hat. Alles, was er nicht weiß bzw. gar nicht wissen kann, wird von ihm stillschweigend aus der allwissenden Perspektive des Autors geschildert. Das gilt vor allem für die Vielzahl von eingeschobenen Geschichten, durch deren Eigengewicht das Ganze auseinanderzufallen droht.

Der Ort jener einmaligen Begebenheit ist eine fiktive russische Provinzstadt. Die eigentliche Handlung beginnt mit der Ankunft des neuen Gouverneurs von Lembke und seiner Gattin Julija Michailowna. Den unmittelbaren Anstoß für das Geschehen liefert ihre Idee, ein Wohltätigkeitsfest zu veranstalten. Während Herr von Lembke sich in seiner neuen Stellung eher nach Ruhe sehnt und heimlich an einem Roman schreibt, träumt seine ehrgeizige Frau davon, zu regieren, und gibt sich dabei ihren Illusionen hin: Sie liebt die aristokratische Tradition, aber auch die neue demokratische Bewegung. Sie will »glücklich machen«, Unvereinbares vereinigen und sieht sich an der Spitze des Aufbruchs in eine neue harmonische Gesellschaft. Deshalb fördert sie die Jugend und paßt sich deren modernen Ansichten an, um sie durch Toleranz zu überzeugen und zugleich »vom Abgrund zurückzuhalten«. Um sich mit ihrer fortschrittlichen Gesinnung sogleich ins rechte Licht zu setzen, wird das geplante Fest als Beitrag zur »Frauenfrage« propagiert. Der finanzielle Erlös soll armen Gouvernanten zugute kommen. Freiwillige Helfer sind rasch zur Stelle, und es gehen großzügige Spenden aus der »höheren Gesellschaft« ein. Auf dem Programm steht eine literarische Matinee und am Abend ein Ball. Der berühmte Schriftsteller Karmasinow (übrigens eine boshafte Karikatur Iwan Turgenjews), ein entfernter Verwandter Julijas, verspricht ihr, unter dem Titel *Merci* seine »letzte Erzählung« vorzutragen.

Aber die Zeiten sind unruhig. Beim Gouverneur häufen sich Meldungen über Viehseuchen, Feuersbrünste, Raubüberfälle, Gemurre im Volk. Bei einem Offizier hat man Flugblätter und verbotene Bücher gefunden. In der größten Fabrik der Stadt ist die Cholera ausgebrochen. Die Arbeiter verlangen den überfälligen Lohn und protestieren gegen ihre Entlassung. Kraft seiner Autorität ruft Herr von Lembke den Demonstranten vor seinem Amtssitz zu: »Mützen ab! Auf die Knie!« Als man ihm etwas erklären will, kommt der überraschende Befehl: »Auspeitschen!« Eine zu dieser Zeit bereits hilflos wirkende Geste einstiger Machtfülle des Provinzbeamten. Die Menge ist verblüfft. Ist der Mann noch normal? Der Erzähler spielt den Vorfall herunter: Die Polizei habe höchstens zwei oder drei Personen mit Ruten geprügelt!

Julija Michailowna bleibt von alledem unbeeindruckt. Sie glaubt weiterhin an die völlige Ergebenheit ihrer Untertanen. Auf der Sitzung des Festkomitees diskutiert man am selben »verhängnisvollen Vormittag«, ob es auf der Matinee ein Champagnerfrühstück oder ein Festessen geben solle. Von einer Absage des Festes, wie sie der Gouverneur, Julijas Gatte, fordert, ist nicht die Rede. Die Gäste reisen von überall an, obwohl es für sie teuer wird: Eintrittskarten, Spenden, die Garderoben für die Damen. Aber das Publikum zahlt und will sich amüsieren. Die Erwartungen sind hoch. Als alle im Saal Platz genommen haben, erscheinen der Gouverneur und seine Frau. Das Paar wirkt strahlend, glücklich. Julija ist auf der Höhe ihrer Wünsche. Dann ein Tusch, Hurraschreie.

Was folgt, kommt für alle Beteiligten überraschend und ist

unvorstellbar: Als sich der Vorhang hebt, erscheint auf der Bühne ein Betrunkener, und es werden unsinnige Verse rezitiert. Das Publikum fühlt sich provoziert. Julija ist einer Ohnmacht nahe. Die offiziellen Redner, unter ihnen der Schriftsteller Karmasinow, werden durch wütende Zwischenrufe unterbrochen. Zum Schluß spielen sich tumultartige Szenen ab. Entsetzt verläßt der als »Festordner« eingesetzte Erzähler den Saal. Nach der skandalösen Matinee wird die verzweifelte Julija doch noch dazu ermuntert, mit ihrem Mann unbedingt auf dem Ball zu erscheinen. Denn eigentlich sei doch gar nichts geschehen. Aber nur wenige Damen lassen sich am Abend sehen. Der Adel fehlt nahezu vollständig. Das Büfett besetzen finstere Gestalten, offenbar Zugereiste. Lautstark wird über Julijas Ehrgeiz und über den zerrütteten Verstand ihres Mannes gespottet. In der sich auflösenden Ballgesellschaft erscheinen plötzlich die Lembkes, der Gouverneur in einem, wie es scheint, selbstvergessenen Zustand, während sich seine Frau sogleich der Obhut eines pensionierten Generals anvertraut. Der verständnislose von Lembke versucht noch einmal, sich Gehör zu verschaffen, wird aber von seiner Frau fortgezerrt. In dem allgemeinen Gedränge ertönt plötzlich der Ruf: »Es brennt. Die ganze Vorstadt überm Fluß brennt!« Man stürzt zu den Ausgängen. Das Fest, ehrgeizig geplant als eine Demonstration der Ordnung und Harmonie, ist umgekippt in einen Skandal, der alle Normen des kleinstädtischen Lebens außer Kraft setzt. Auch die Feuersbrunst bringt die erregte Menge damit in Zusammenhang. Am Brandort auf einem niedergerissenen Bretterzaun steht der inzwischen völlig verwirrte Gouverneur und gibt Anweisungen, die niemand befolgt. Vergeblich versucht man ihn fortzuschaffen. »Alles Brandstiftung!« schreit er: »Das ist Nihilismus! Die Feuersbrunst ist in den Gehirnen, nicht auf den Dächern der Häuser!« Ein Brett, das vom Dach fällt, wirft ihn schließlich zu Boden. Ein düsterer Morgen bricht an. Es fällt ein feiner Nieselregen.

Dies ist nach den Worten des Erzählers »die eigentliche Geschichte«, die er selbst erlebt hat. Der Leser erfährt jedoch von diesen skandalösen Ereignissen erst im dritten und letzten Teil des Romans. Davor wird er mit einer langen Reihe von Einzelgeschichten konfrontiert, die »als Einführung in die geplante Chronik« gedacht sind. Man fragt sich, inwieweit diese Vor-Geschichten als Teilstücke jenes unsichtbaren Mechanismus fungieren, der die kleinstädtische Ordnung in ein Chaos verwandeln konnte? War das Ganze eine unglückliche Verkettung von Zufällen, oder steckte ein geheimer Plan dahinter? Gehen wir deshalb an den Anfang des Romans zurück.

Zunächst lernen wir den »hochverehrten« Stepan Trofimowitsch Werchowenski kennen, einen vertrottelten Nachfahren der längst vergangenen Welt romantischer und weltfremder Studierzirkel der 1840er Jahre. An der Schwelle des Alters hat es ihn in die Provinz verschlagen, wo er ein kleines Gut besitzt, im wesentlichen aber bei seiner Freundin und »Mäzenatin«, der reichen Gutsbesitzerin und Offizierswitwe Warwara Petrowna Stawrogina, als einstiger Hauslehrer ihres Sohnes das Gnadenbrot erhält. Immer noch glaubt er, ein liberaler Vordenker gewesen und wegen seiner Ansichten »verfolgt« worden zu sein. Geschwätzig lügt er sich in die Rolle einer vormals bedeutenden Persönlichkeit hinein. Nachdem alle Versuche, sich der jungen rebellischen Generation als ihr Vorläufer in Erinnerung zu bringen, gescheitert sind, folgen »Jahre der Stille«, die er in Gesellschaft von Angestellten der Provinzverwaltung bei Champagner und Kartenspiel verbringt. Diese tragikomische, zwischen ständiger Angst um sein Leben und übertriebener Geltungssucht schwankende Figur ist letztlich eine ehrliche Haut und durchaus, wie sich zeigt, zu großen Einsichten fähig.

Während sich der alte Werchowenski mit seinem Schicksal arrangiert hat und nur noch in sentimentalen Anfällen von Weltschmerz seiner Umgebung auf die Nerven geht, befindet sich sein Sohn Pjotr im Ausland, wohin er, einst verwickelt in revolutionäre Umtriebe, geflüchtet war. Inzwischen hat er angekündigt, er werde demnächst zurückkehren und vom Vater sein Erbe einfordern. »Woher kommt es«, wundert sich der Alte, »daß diese rabiaten Sozialisten und Kommunisten gleichzeitig so unglaublich besitzhungrige Geizhälse sind?«

Auch seine Freundin Warwara Petrowna hat einen Sohn, der nach längerem Aufenthalt in Petersburg und im Ausland offenbar gleichfalls die Absicht hat, nach Hause zurückzukehren, eine Rückkehr, die nach allem, was man weiß und gehört hat, keine reine Wiedersehensfreude verspricht. Als Gardeoffizier war Nikolai Stawrogin nach mehreren Duellen degradiert und nur durch die Protektion seiner Mutter wieder befördert worden. Er hatte seinen Abschied genommen und in Petersburg ein ausschweifendes Leben geführt. Auf inständiges Bitten seiner Mutter, so der Erzähler, sei er eines Tages in »unserer Stadt« aufgetaucht, ein eleganter Gentleman von etwa fünfundzwanzig Jahren, kultiviert und dabei offenbar von gewaltiger Körperkraft. Nikolai erlaubte sich unziemliche Dreistigkeiten: Er zog den Vorsitzenden des Stadtklubs an der Nase, küßte die Frau eines Beamten beim Tanz allzu heftig auf die Lippen und biß dem Gouverneur, der ihn zu einer Aussprache vorgeladen hatte, ins Ohr. Nach diesen seltsamen Scherzen reiste er auf Anraten der Ärzte ins Ausland. Nach Jahren ist er erneut auf dem Weg in seine Heimatstadt, wo inzwischen das Gerücht kursiert, er hätte die hinkende und schwachsinnige Schwester des Hauptmanns a. D. Lebjadkin entehrt und zahle ihrem Bruder dafür eine Entschädigung. Warwara Petrowna weiß um die hemmungslose Neigung ihres Sohns für das andere Geschlecht, hat sie doch von einer Liebesaffäre ihres Sohnes in der Schweiz erfahren. Sie beschließt vorsorglich, ihre Pflegetochter Dascha (gab es da vielleicht schon ein Verhältnis?) rasch mit ihrem alten Freund Werchowenski zu verheiraten.

Aber Stawrogin ist auch ein Grübler, bewandert in der europäischen Ideenwelt seiner Zeit. Noch im Ausland hat er eine Gruppe Gleichgesinnter mit geistigen Anregungen versorgt. Doch während man ihm aufmerksam zuhört und seine geistige Führungsrolle anerkennt, erscheinen ihm die hitzigen Weltanschauungsdebatten über Religion und Atheismus, Nationalismus und anarchistische Revolution nur mehr als Gedankenspiele, die ihn innerlich nicht berühren. Zwei seiner Anhänger sind schon vor ihm heimgekehrt: der Student und Hauslehrer Iwan

Schatow, Sohn des Kammerdieners seiner Mutter, und der Straßenbauingenieur Alexej Kirillow, zwei skurrile Einzelgänger mit ausgefallenen Ideen. Der Atheist Kirillow glaubt, Gott sei der bloße Ausdruck des Schmerzes und der Angst des Menschen vor dem Tod. »Hierin liegt der ganze Betrug. Wem es aber ganz einerlei sein wird, zu leben oder nicht zu leben, der wird der neue Mensch sein. Wer Schmerz und Angst besiegt, der wird Gott sein. Aber *jenen* Gott wird es dann nicht mehr geben. Wer sich selbst zu töten wagt, der ist Gott. Vollständige Willensfreiheit erlangt das Individuum nur durch Selbstmord!« Diesem extremen, zum »logischen Selbstmord« (Camus) führenden Individualismus stellt Schatow ein kollektivistisches Konzept entgegen. Das Heil des einzelnen liege in der Hinwendung zum russischen Volk: »Wer aber kein Volk hat, der hat auch keinen Gott«, predigt der religiöse Nationalist. Die Loslösung vom Volk erzeuge nur »abstoßende Atheisten« oder ein »gleichgültiges, liederliches Gesindel«. Die Ideen von Kirillow und Schatow entspringen dem Denken Dostojewskis, seiner ständigen Reflexion des Gegensätzlichen: von irdischem Glücksstreben und christlicher Erlösung, dem Machtanspruch des Menschen und der Allmacht Gottes. Seine Romankunst hingegen zeigt sich darin, welches Schicksal er den beiden Philosophen im weiteren Handlungsverlauf zuweist.

Mehr oder weniger zufällig kommen eines Tages im Stawroginschen Haus alle bisher genannten Personen zusammen. Es ist nach den Worten des Erzählers »einer der denkwürdigsten Tage meiner Geschichte, ein Tag der Überraschungen, ein Tag greller Aufklärungen und noch schlimmerer Verwirrung«. Als man den Versammelten gerade die Ankunft von Nikolai Stawrogin gemeldet hat, betritt ein völlig unbekannter junger Mann den Raum: mittelgroß, blond, mit dünnem Bart, nicht elegant, aber nach der Mode gekleidet, mit einem selbstzufriedenen, wie »Perlengeriesel« klingenden Redefluß. Der alte Werchowenski erkennt in ihm seinen Sohn Pjotr. Erst danach erscheint Stawrogin. Auf die heikle Frage seiner Mutter, ob – wie die Gerüchte besagen – die hinkende Marija Lebjadkina seine legitime Frau sei, gibt er keine direkte Antwort. Dafür erzählt der junge Werchowenski Episoden aus Stawrogins Petersburger Sturm-und-Drang-Zeit, alles nur harmlose und amüsante Abenteuer: Lebjadkins Schwester habe er stets mit Hochachtung behandelt und sogar für ihren Unterhalt gesorgt, kurz: »das Experiment eines übersättigten Menschen«. Warwara Petrowna will das Mädchen von nun an unter ihren Schutz stellen. Sie möchte glauben, ihr Sohn habe ritterlich und edel gehandelt.

Man wechselt das Thema und gratuliert Dascha zu ihrer bevorstehenden Heirat mit dem alten Werchowenski. Auch Pjotr ist informiert und verrät plötzlich intime Details aus den Briefen seines Vaters, der eigentlich gar nicht heiraten möchte und seinen Sohn gebeten habe, ihn »zu retten«. Warwara Petrowna ist über ihren Freund empört und verbietet ihm ihr Haus. Leise bittet der Alte seinen Sohn, sich zu mäßigen. Dann aber geschehen unerwartete Dinge: Zuerst tritt Schatow an Stawrogin heran und schlägt ihn mit großer Kraft ins Gesicht. Dann stößt Lisa, die aus der Schweiz heimgekehrte Geliebte Stawrogins, einen Schrei aus und fällt ohnmächtig auf den Teppich. Es ist, als habe mit der Ankunft der beiden Söhne der Teufel in der Stadt Einzug gehalten.

Die Ereignisse im Hause Warwara Petrownas sind alsbald Stadtgespräch. Die aufgeregte öffentliche Meinung wendet sich gegen Stawrogin. Man munkelt, es werde wegen der Ohrfeige bald einen Mord geben. Hingegen avanciert der junge Werchowenski zum Liebling der Gesellschaft. Der neue Gouverneur redet ihm zu, in den Staatsdienst zu treten, und auch seine Gattin Julija Michailowna protegiert den Ankömmling. Niemand habe damals, so beteuert der Erzähler, die verborgenen Absichten des jungen Mannes gekannt.

Noch am Abend desselben Tages erscheint Pjotr Werchowenski im Arbeitszimmer Stawrogins und lädt ihn zu einer Zusammenkunft der »Unsrigen« ein. Es stellt sich heraus, daß in dem Städtchen eine geheime revolutionäre »Fünfergruppe« existiert, die von Werchowenski geführt wird. Auch hat er zu Offizieren der Garnison und zu Fabrikarbeitern Kontakt aufgenommen. Zur Verfügung steht ihm außerdem Fedka, ein aus Sibirien entsprungener Zuchthäusler, der für Geld zu allem bereit ist. Stawrogin ist von ihm offenbar als Führungsperson nach der Machtübernahme vorgesehen. Tatsächlich hatte dieser noch während der gemeinsamen Zeit im Ausland die Gründung dieser Organisation angeregt, inzwischen aber das Interesse an den Umsturz- und Machtplänen seines ehemaligen Freundes längst verloren.

In der Nacht begibt er sich zu Schatow und Kirillow. Er warnt Schatow: Man würde ihn ermorden, weil er aus der Geheimgesellschaft austreten möchte. »Man wird Sie nicht freigeben. Sie wissen zuviel! – Sind Sie auch ein Mitglied dieser Bande? – Sie schätzen mich zu hoch ein; eigentlich gehöre ich gar nicht dazu, nur aus Langeweile; vielleicht wird man auch mich umbringen. – Damit sind sie schnell bei der Hand. Sie haben Agenten in Rußland und sogar Beziehungen zur Internationale.« Im Fortgang des Gesprächs nennt Schatow den Grund für seinen Faustschlag. Er ist enttäuscht über den Sinneswandel seines einstigen Idols. Schließlich habe Stawrogin ihm die Idee vom russischen Volk als »Gottesträger« und Welterlöser eingegeben: »Zur gleichen Zeit, als Sie Gott und die Heimat in mein Herz pflanzten, haben Sie das Herz Kirillows mit Gift getränkt. Jetzt sind Sie Atheist? – Ja. – Aber Sie sagten doch: ein Atheist kann nicht Russe sein? – Ein slawophiler Gedanke. Glauben Sie denn selbst an Gott? – Ich werde an Gott glauben! Aber auf Sie kommt es an, nicht auf mich!« Schatow durchschaut Stawrogin als einen Individualisten, dem seine Umgebung völlig gleichgültig ist, der sich aber in dieser Rolle offenbar nicht wohl fühlt: »Sie sind ein Atheist und können nicht mehr zwischen Gut und Böse unterschieden, weil Sie aufgehört haben, Ihr Volk zu verstehen. Versuchen Sie, Gott durch Arbeit, durch Bauernarbeit zu erringen!« Und er rät Stawrogin: »Gehen Sie doch einmal zu Tichon, einem früheren Bischof in unserem Kloster vor der Stadt!«

Anschließend besucht Stawrogin die Lebjadkins in ihrem kleinen Holzhaus jenseits des Flusses. Der Hauptmann erinnert an die gemeinsame Vergangenheit: »Ich träume von Petersburg, und ich denke an eine Wiedergeburt!« Er hofft, von Stawrogin die nötigen Mittel dafür zu bekommen. Der erklärt jedoch, er werde die bisher geheime Heirat mit Lebjadkins Schwester öffentlich bekanntgeben, was den Hauptmann um seine Einnahmequelle fürchten läßt. Marija begrüßt den späten Gast, ihren geheimen Ehemann, der ihr vorschlägt, mit ihm in die Schweiz zu gehen. »Das kommt mir unglaubwürdig vor. Was soll ich dort im Gebirge? Sind Sie denn kein Fürst? – Das bin ich nie gewesen. – So habe ich umsonst gewartet. Du bist ein schlechter Schauspieler. *Meiner* ist ein lichter Falke und ein Fürst, aber du bist eine Eule und nur ein Kaufmann. Fort, du Falscher von eigenen Gnaden! Ich bin meines Fürsten Frau und fürchte mich nicht vor deinem Messer! – Idiotin, knirscht Stawrogin.« Auf dem Rückweg stößt er an der Brücke auf den entlaufenen Sträfling Fedka, einen ehemaligen Leibeigenen, den der alte Werchowenski einst im Englischen Klub beim Kartenspiel verlor. Fedka bittet um Geld und bietet seine Dienste an. Stawrogin schleudert ihm die Banknoten aus seinem Portemonnaie vor die Füße. Ächzend angelt Fedka nach den Scheinen im Schlamm.

Am nächsten Abend gehen Stawrogin und der junge Werchowenski zur Versammlung der »Unsrigen«, die er als »toternste Dummköpfe« bezeichnet: »Das ist alles nur Material, das man organisieren muß. Aber Sie haben ja selbst das Statut verfaßt. Ihnen brauche ich nichts zu erklären. Wodurch man sie beeindrucken kann, ist erstens eine Montur. Ich denke mir auch Titel und Ämter aus. Die zweite Triebkraft ist die Sentimentalität, die im Sozialismus steckt. Schließlich die Hauptkraft, der Zement, der alles zusammenhält, das ist die Scheu, eine eigene Meinung zu haben. Das Zentralkomitee sind doch – ich und Sie. Am besten wäre, wenn vier Mitglieder ein fünftes umbringen, unter dem Vorwand, daß es denunzieren wollte. Das schweißt zusammen. Sie treten jetzt auf als einer der Gründer, der aus dem Ausland kommt und die wichtigsten Geheimnisse kennt!«

Man trifft sich bei einer Hebamme, der Ehefrau eines Gruppenmitglieds. Es gibt Tee und Weißbrot. Außer der Hausfrau, ihrer Schwester und einer Petersburger Studentin sitzen nur Männer am Tisch, auch Kirillow und Schatow. Was keiner weiß:

Den harten Kern der Versammelten bildet die von Werchowenski gebildete geheime »Fünfergruppe«. Man diskutiert zunächst über die Frauenfrage, den Atheismus und über alte Vorurteile, bis jemand mahnt, zur Sache zu kommen. »Handelt es sich hier um eine Sitzung oder nur um ein zufälliges Zusammentreffen?« Ein gewisser Schigaljow beginnt, aus einem dicken Schreibheft seine sozialistischen »Theorien« darzulegen. Aber Werchowenski unterbricht ihn: alle diese Theorien seien Ammenmärchen, ein ästhetischer Zeitvertreib. Dann fragt er plötzlich in die Runde: »Würden Sie denn alle einer Fünfergruppe beitreten? Ich bin mit bestimmten Mitteilungen gekommen, aber wie soll ich Erklärungen abgeben, bevor ich Ihre Gesinnung kenne? Vielleicht ist ein Denunziant unter uns? Würdet ihr, falls euch die Absicht eines politischen Mordes bekannt wäre, denunzieren?« Niemand wagt zu widersprechen. Alle erklären sich für die gemeinsame Sache. Da steht Schatow auf und verläßt den Raum. »Das ist für Sie nicht vorteilhaft!« ruft ihm Werchowenski nach. »Aber für dich, du Spion und Schurke!«

Auch Stawrogin und Kirillow erheben sich und gehen hinaus. Werchowenski eilt ihnen nach. Er fleht Stawrogin an, sich nicht zu verweigern: »Wir werden einen Aufstand entfachen. Noch zehn Gruppen, und wir werden siegen! Wir wiegeln auf, bringen Unruhe ins Land. Dann schaffen wir Gleichheit! Vielleicht sollten wir die Welt dem Papst übergeben und er sich mit der Internationale versöhnen! Im Westen der Papst, bei uns aber Sie! Sie sind mein Abgott. Ich habe nur den ersten Schritt erdacht. Aber ohne Sie bin ich eine Null! Sie sind genau die Gestalt, die nötig ist. Sie sind die Sonne, und ich bin der Wurm. – Vielleicht nur ein politischer Streber? – Wir werden alle umerziehen! Das Verbrechen wird bei uns zur Vernunft, zum edlen Protest! Dafür sind natürlich ein, zwei Generationen Sittenverderbnis notwendig. Wir predigen zunächst Zerstörung, dann aber bringen wir Sie, den Zarewitsch Iwan! – Was denn, ein Pseudo-Zarewitsch als Thronprätendent?« Es gelingt Werchowenski nicht, Stawrogin für seine Zwecke zu gewinnen. Einst Hoffnungsträger für seine Freunde, bleibt er, innerlich leer, allen Angeboten gegenüber resistent. Mit den Rollen, die er spielt oder gespielt hat, mag er sich nicht mehr identifizieren.

Auf Anraten Schatows begibt er sich in das nahe gelegene Kloster zu dem dort im Ruhestand lebenden Bischof Tichon. Zunächst erzählt er von seinen Halluzinationen. »Dabei bin ich es doch immer selbst, nur in verschiedenen Gestalten. Oder meinen Sie, es sei der Teufel? Das würde doch Ihrer Profession weit mehr entsprechen? – Es dürfte wahrscheinlicher sein, daß es sich hier um eine Krankheit handelt. – Kann man an den Teufel glauben, wenn man nicht an Gott glaubt? – Oh, durchaus! – Und einen solchen Glauben finden Sie natürlich achtbarer als völligen Unglauben? – Im Gegenteil, vollständiger Atheismus ist achtbarer als Gleichgültigkeit.« Tichon zitiert aus der Apokalypse: »Weil du aber lau bist und weder kalt noch heiß, werde ich dich ausspeien aus meinem Munde!« Stawrogin hat einen einfältigen orthodoxen Popen erwartet und fühlt sich plötzlich durchschaut.

Er übergibt dem Geistlichen ein Päckchen beschriebener Blätter, auf denen er sein ausschweifendes Leben in Petersburg beichtet, vor allem die gemeine Verführung Matrjoschas, der minderjährigen Tochter seiner Wirtsleute: Als er Tage später »gelangweilt und völlig teilnahmslos« eine rote Spinne betrachtete, die auf einem Geranienblatt saß, habe er geahnt, daß Matrjoscha nebenan sich in einer Kammer erhängen würde. »Ich war ein Feigling und wußte, ich würde nie mehr ein anständiger Mensch werden. Aus Ekel vor meinem Leben wollte ich Selbstmord begehen, aber statt dessen heiratete ich die lahme Schwester Lebjadkins!« Viel später, in der Schweiz, habe er sich leidenschaftlich verliebt, sei aber geflohen, um sich nicht in eine Bigamie einzulassen. In einem Traum habe er Claude Lorrains Bild *Acis und Galatea* gesehen und als einen Ausdruck des *Goldenen Zeitalters* empfunden. Er sei zutiefst gerührt gewesen, und ein ungeahntes Glück habe sein Herz erfüllt. Dann aber sei ihm die Spinne wieder erschienen. Seither ginge ihm auch Matrjoscha nicht mehr aus dem Kopf.

Tichon erkennt in dem Text keine ehrliche Beichte, sondern

die überhebliche Selbstdarstellung eines gewöhnlichen Triebtäters. »Wenn es nur wirkliche Reue wäre! Sie aber übertreiben Ihre Gefühllosigkeit in anmaßender Haltung. Ich bemerke an Ihnen weder Ekel noch Scham! Ein schrecklicheres Verbrechen als Ihre Tat an dem kleinen Mädchen gibt es natürlich nicht. Aber besonders abstoßend wirkt in Ihrer Schilderung die übertrieben geschmacklose Häßlichkeit des Verbrechens.« Tichon macht ihm klar, daß er bei einer Veröffentlichung von den entsetzten Lesern nur Verachtung und Spott zu erwarten hätte. »Lassen Sie die Blätter und Ihre Absicht der Veröffentlichung beiseite, dann werden Sie alles bewältigen, Ihren Stolz und Ihren Dämon!« Stawrogin kann seine Wut gegen den Geistlichen nicht mehr verbergen und verläßt die Zelle.

Wenden wir uns wieder der städtischen »Chronik« zu, den Ereignissen, die der Schlußkatastrophe unmittelbar vorausgehen. Die ehrgeizige Gouverneursfrau Julija Michailowna wird rasch zum Spielball der besonderen Interessen des ihr so sympathischen jungen Werchowenski. Sie glaubt an seine bedingungslose Ergebenheit und macht ihn zu ihrem vertrauten Berater. Auch dem Gouverneuer erteilt er Ratschläge. Naiv und vertrauensselig diskutiert von Lembke mit ihm die politische Lage, liest ihm aus seinem Roman vor und leiht ihm sogar seine private Sammlung von Flugblättern und Proklamationen.

In der Provinzgesellschaft ist unterdes eine bis dahin nicht gekannte Freizügigkeit, ein neuer Umgangston eingezogen. In Julijas Salon formiert sich ein Kreis junger Leute. Nicht zuletzt auf Anregung Werchowenskis veranstaltet man Picknicks, kleine Abendgesellschaften und Ausritte, auf denen man sich allerlei derbe Scherze mit den »dummen Stadtbewohnern« erlaubt. Auch der Schriftsteller Karmasinow liebt die junge Generation und hält den jungen Werchowenski »wenn auch vielleicht nicht für den erklärten Führer alles dessen, was in Rußland heimlich revolutionär war, so doch wenigstens für einen, der in alle Geheimnisse der russischen Revolution eingeweiht war und großen Einfluß auf die Jugend besaß«. Als ihn der junge Mann besucht, bekennt er, bald ins Ausland übersiedeln zu wollen: »Für mein

Leben wird Europa doch noch vorhalten? Wenn dort wirklich einmal Babylon kracht, und sein Fall wird groß sein, so gibt es doch bei uns in Rußland überhaupt nichts, was zusammenstürzen könnte. Hier wird die revolutionäre Propaganda siegen. Übrigens, wann könnte das geschehen, ungefähr?« – »Anfang Mai nächsten Jahres wird es beginnen, und zu Mariä Schutz und Fürbitte im Oktober wird es beendet sein!« antwortet der Gast und denkt bei sich: »Wirst noch Zeit haben, Ratte, das Schiff zu verlassen.«

Am meisten leidet unter dem allgemeinen Stimmungswechsel der alte Werchowenski. Selbst seine Gönnerin Warwara Petrowna, inzwischen mit der Gouverneursgattin befreundet, bedient sich in einer Aussprache, zu der sie ihn auf ihr Gut nach Skworeschniki zitiert, des neuen Gesprächstons. Schon der Empfang ist kühl. Als sie ihn auffordert, etwas zur literarischen Matinee auf dem geplanten Fest beizusteuern, bietet er einen Vortrag über Kunst an. »Was, über die *Sixtinische Madonna* wollen Sie auf dem Fest sprechen? Das ist was für Klappergreise! Erzählen Sie lieber Anekdoten, was Historisches! Alle Ihre Theorien lösen sich doch im ›Lichtstrahl der freien Forschung‹ auf! Und Armut wird es übrigens im neuen Staat auch nicht mehr geben!« – »Oh, welch eine Eruption fremder Worte!« ruft er unwillkürlich aus, besteht aber auf seinem Vortragsthema. Danach, so verkündet er theatralisch, werde er zu Fuß davongehen, auf alle Wohltaten seiner Gönnerin verzichten und bei einem Kaufmann als Hauslehrer sein Leben beenden.

Pjotr hält seinem Vater die Liaison mit der Stawrogina vor: »Ihr habt euch ausgenutzt: sie als Kapitalistin und du als ihr sentimentaler Hofnarr. Sie sollte dich ins Armenhaus bringen! – Bist du überhaupt mein Sohn? – Ihr seid lächerliche Leute. Es kann dir doch egal sein, ob ich dein Sohn bin! – Ich verfluche dich! – Leb wohl, du Altertum!« Schließlich verdächtigt man den Alten sogar politisch. Man habe ihn »beschlagnahmt«, informiert das Dienstmädchen den Erzähler. Bei einer Haussuchung werden seine Manuskripte und Bücher auf einer Schubkarre abtransportiert. Sogar zwei Flugblätter hat man gefunden. Nun fühlt er sich bedroht, sieht sich schon auf dem Weg in die Verbannung und bricht vor Angst in Tränen aus: »Ich fürchte die Schande. Sie werden mich auspeitschen!« – Natürlich geschieht ihm nichts, und er darf auf dem Fest seinen Vortrag über Kunst halten. Doch der Auftritt wird zum Fiasko. Als er seine These verkündet, der Mensch könne ohne Schönheit nicht leben, löst sich die Ordnung im Saal vollends auf. Jemand brüllt, der Redner habe vor fünfzehn Jahren seinen Leibeigenen Fedka beim Kartenspiel verloren! »Was sagen Sie dazu, Herr Ästhetiker?« In dem aufkommenden Tumult eilt Stepan Trofimowitsch zutiefst verletzt hinter die Kulissen.

Seinem Sohn Pjotr ist es gelungen, durch die Sabotage des Festes die Ordnung in der Stadt zu erschüttern. Die Gouverneursfrau, besessen von der Idee, in ihrer Nähe werde eine Verschwörung gegen die Regierung vorbereitet, hatte gehofft, sie würde mit Hilfe des jungen Werchowenski diese Umtriebe aufdecken, die Karriere ihres Mannes vorantreiben und zu eigenem Ruhm gelangen. Nun ist sie das Opfer ihrer Verblendung geworden. Der Anstifter aber verbreitet nach der Katastrophe selbstzufrieden seine Version der Ereignisse, kritisiert die Stadtoberen, spricht von Zufällen und Mißverständnissen, schürt die allgemeine Mißstimmung. Bis man auch ihn verdächtigen wird, bleibt ihm, wie er weiß, wenig Zeit. Hastig organisiert er seinen letzten Coup. Noch einmal versammeln sich die »Unsrigen«. Aufgewühlt durch die Ereignisse, fordert die Gruppe Rechenschaft. Er teilt mit, daß die bei dem Brand ermordet aufgefundenen Lebjadkins von Fedka getötet wurden. Übrigens habe der Hauptmann die Gruppe denunzieren wollen, und der Mord sei zur rechten Zeit passiert. Dann beschuldigt er die Gruppe der Brandstiftung. Man erinnert ihn daran, er selber habe doch zu solchen Aktionen aufgefordert: »Also ist das Ihr Programm. Was werfen Sie uns vor? – Ihre Eigenmächtigkeit! Sie haben nicht das Recht, ohne meine Erlaubnis zu handeln. Man wird sie nicht nur als Brandstifter, sondern als Fünfergruppe verhaften! Schatow wird alles verraten. Man muß ihn beseitigen!« Nach anfänglichem Zögern sind alle einverstanden, Schatow zu töten, wenn er die von ihm versteckte Druckmaschine übergibt.

Dann begibt sich Pjotr zu Kirillow und erinnert ihn an das gegebene Versprechen, vor seinem Selbstmord aus philosophischen Motiven in einem Abschiedsbrief »alle Gemeinheiten« der Gruppe auf sich zu nehmen. In der Küche bei Kirillow sitzt Fedka. Als er Werchowenski sieht, der ihm »für das unschuldige Blut« – offenbar einen Mordauftrag – noch Geld schuldet, stürzt er sich voller Wut auf ihn: »Du hast mich von Anfang an betrogen, ganz wie der leibhaftige Bösewicht und Verführer, der da heißt Atheist!« Es kommt zu einem Handgemenge, und Fedka flüchtet. Am nächsten Morgen wird bekannt, daß man ihn erschlagen am Stadtrand gefunden hat.

Schatow erlebt noch eine freudige Überraschung. Nach Jahren der Trennung kehrt seine Frau Marija zu ihm zurück. Er verzeiht ihr alles, sieht aber vor allem, daß sie krank ist. Sein Nachbar Kirillow überläßt ihm Tee, Zucker, einen Samowar und etwas zu essen für die Heimkehrerin. Zwischendurch erscheint Fähnrich Erkel, ein naiver und gewaltbereiter Gefolgsmann der Organisation, und gibt ihm die Anweisung, am nächsten Abend die Druckmaschine zu übergeben. Als er gegangen ist, klärt ihn Marija über ihre »Krankheit« auf: Es sind Geburtswehen. Sie bekommt ein Kind, einen Jungen. Schatow ist überglücklich: »Es ist das Mysterium des Erscheinens eines neuen Wesens! es gibt nichts Höheres auf der Welt! Er ist mein Sohn, Iwan soll er heißen!« Am Abend gehen Erkel und Schatow zum Treffpunkt in den Park von Skworeschniki.

Dort hat sich die »Fünfergruppe« schon eingefunden. Soll man Schatow überhaupt noch umbringen? Vielleicht würde er in seinem neuen Familienglück gar nicht mehr denunzieren wollen? Werchowenski besteht darauf, »daß jeder seine Pflicht tut«. Das Glück würde ohnehin nicht vorhalten, schließlich sei das Kind von Stawrogin. Als Schatow eintrifft und ihnen die Stelle zeigt, wo er die Druckmaschine vergraben hat, fallen sie über ihn her, und Werchowenski erschießt ihn. Die mit Steinen beschwerte Leiche werfen sie in einen Teich. Die Tat ist vollbracht. Werchowenski triumphiert: »Meine Herren, zweifellos müssen Sie nun jenen Stolz empfinden, der mit der Erfüllung einer freien Pflicht verbunden ist. Alles hängt jetzt von Ihrer Überzeugung ab, die, wie ich hoffe, sich schon morgen in Ihnen festigen wird. Sie haben sich zu einem freien Bund Gleichgesinnter zusammengetan, um ein altersschwaches Dasein zu erneuern und darauf hinzuwirken, daß alles zusammenstürzt, sowohl der Staat als auch seine Moral. Übrig bleiben werden nur wir. Noch viele tausend Schatows stehen uns bevor! Jetzt wird niemand mehr denunzieren.« Noch in der Nacht besucht er Kirillow, diktiert ihm den verabredeten Brief und wartet, bis sich Kirillow erschießt. Dann beeilt er sich, den Frühzug zu erreichen, um zu verschwinden.

Den Ermittlungsbehörden wird bald klar, daß es in der Stadt eine Verschwörerbande gab und die jüngsten Ereignisse, das skandalöse Fest, Brandstiftung und Mord, damit zusammenhängen. Im Park von Skworeschniki findet man die im Teich versenkte Leiche Schatows. Die Verschwörer geraten in Panik und verraten alles: den Geheimbund, das angebliche Netz der »Fünfergruppen« und die Rolle Werchowenskis. Es sei ein Experiment gewesen, die Stadt zu verunsichern. Julija Michailowna habe man nur benutzt, und die Lebjadkins seien auf Anweisung von Pjotr Werchowenski ermordet worden. Die Mitglieder der »Fünfergruppe« werden verhaftet. Ihnen wird der Prozeß gemacht. Werchowenski aber entkommt über Petersburg ins Ausland. Seine teuflische Mission ist erfüllt. Unheimlich in seinem Zynismus und seiner absoluten Bindungslosigkeit, eine Verkörperung des Prinzips der Negation schlechthin, verschwindet er ins Nichts, aus dem er gekommen ist.

Es folgt ein langer Epilog. Der alte Werchowenski, zu Beginn des Romans eine Karikatur auf die romantische *Intelligenzija* der 1840er Jahre, ein haltloser Träumer, Feigling und Aufschneider, wird am Ende, so schreibt Dostojewski an eine Freundin, zum »Eckstein« des Ganzen. Sein Schicksal findet einen beeindrukkenden Abschluß, als er, mit Regenschirm und Reisetasche, hinausgeht auf die Landstraße und sich auf eine Wanderschaft ohne konkretes Ziel begibt. Zwar scheint es ihm tollkühn, das warme Nest zu verlassen, doch fühlt er auch einen gewissen Stolz, die »Fahne der großen Idee zu erheben«. Ein Bauernwagen nimmt ihn bis ins nächste Dorf mit, wo er Unterkunft in einer Absteige für Durchreisende findet. Es gibt Pfannkuchen und ein Schnäpschen. Die Leute betrachten ihn neugierig. Anisim, ein ehemaliger Bediensteter, erkennt ihn: »Das ist der große Gelehrte aus dem Haus der Generalin Stawrogina!« Eine Bibelverkäuferin, Sofja Matwejewna, bietet ihm ein Neues Testament an. Mit ihr fährt er weiter. »Ich fürchte, Sie sind nicht ganz gesund? – Ich werde Ihre Büchlein kaufen und dem Volk auslegen. Ich werde sehr schöne Reden halten. Jetzt würde ich gern ein wenig schlafen. – Sie haben bestimmt eine richtige Influenza erwischt!« Als sie im nächsten Dorf ankommen, nimmt Werchowenski ein Zimmer und bestellt ein Mittagessen. Mit großem Pathos erzählt er Sofja in bewährter Lügenmanier sein Leben und seine Liebesgeschichten. Als er zu Bett gegangen ist, verschlimmert sich sein Zustand. Am Morgen packt ihn ein Anfall hysterischer Selbstverurteilung: »Ich habe alles gelogen, aus Ruhmsucht, aus Prahlerei, müßiger Schwatzhaftigkeit!« Auf seinen Wunsch liest Sofja dem Kranken aus der Bibel vor: aus der Bergpredigt, vom Engel der Apokalypse und dann das Gleichnis von den Teufeln, die in eine Herde Säue fahren. Werchowenski gerät in Erregung: »Die Teufel und kleinen Teufelchen, die sich in unserem großen und geliebten Kranken, in Rußland, angesammelt haben, das sind wir, wir und Petruscha und ich vielleicht als der erste an der Spitze! Wir werden uns ohne jede Vernunft und tobsüchtig vom Abhang ins Meer stürzen und alle ertrinken. Der Kranke aber wird gesunden und sich ›zu Füßen Jesu‹ setzen.« Er beginnt zu phantasieren und verliert das Bewußtsein.

Von Anisim informiert, trifft nach einigen Tagen Warwara Petrowna ein. Eifersüchtig jagt sie Sofja aus dem Zimmer und macht ihrem Ärger Luft: »Sie schamloser, undankbarer Mensch!« An seinem entstellten Gesicht erkennt sie jedoch den Schwerkranken. »Sie mein ewiger Peiniger!« Doch er zieht ihre Hand an die Lippen: *»Je vous aimais!«* bricht es aus ihm hervor, *»toute ma vie!«* Nur wolle er jetzt ein wenig schlafen. Warwara läßt den Priester kommen. Es zeigt sich, daß Werchowenski, der unbelehrbare Atheist, auf seine Weise an Gott glaubt, an die

Liebe und das Leben. Er möchte sie alle noch einmal wiedersehen, auch seinen Sohn Petruscha. »Der Mensch muß sich immer vor etwas Großem beugen, es lebe der große Gedanke!« Stepan Werchowenski stirbt nach drei Tagen und wird in Skworeschniki begraben.

Nikolai Stawrogin hat die Nacht der Brandkatastrophe mit Lisa, seiner einstigen Geliebten, verbracht. Im großen Saal von Skworeschniki bekennt er ihr am nächsten Morgen seine neu erwachte Liebe und will mit ihr verreisen. Sie aber kennt ihn inzwischen besser: »Damals glaubte ich noch an Ihre Liebe. Jetzt aber will ich nicht Ihre Krankenschwester sein. Wenden Sie sich an Dascha, die wird mit Ihnen gehen, wohin Sie wollen!« Als Lisa hinausgeht, erscheint Werchowenski und berichtet: »Niemand von uns ist schuld. Es ist nur eine Reihe von Zufällen. Mit einem Wort, juristisch kann man Ihnen nichts anhaben. Auch Ihr Gewissen ist schuldlos. Sie wollten das doch nicht? – Sind sie verbrannt, ermordet? – Ermordet, aber nicht verbrannt, das ist eben das Dumme! Aber Sie können als freier Witwer nun ein schönes und reiches Mädchen heiraten.« Plötzlich steht Lisa an der Tür: »Wer ist tot? – Umgebracht sind nur meine Frau, ihr Bruder Lebjadkin und die Aufwärterin! – Sagen Sie mir vor Gott, ob Sie schuldig sind oder nicht! – Ich habe nicht gemordet. Und ich war dagegen, aber ich wußte, daß man sie umbringen wollte, und ich habe nichts dagegen getan. Gehen Sie fort von mir, Lisa!« Sie läuft übers Feld zur Brandstätte, möchte die Ermordeten sehen. Als sie ankommt, ruft die Menge: »Die Stawroginsche! Sie morden nicht nur, sondern wollen auch noch zusehen!« Man schlägt auf sie ein und tötet sie.

Von Stawrogin heißt es, er sei nach Petersburg abgereist. Wenige Tage später erhält Dascha, die Pflegetochter Warwara Petrownas, einen Brief von ihm, in dem er schreibt: »Ich habe überall meine Kraft auf die Probe gestellt, aber nichts gefunden, was wert gewesen wäre, diese Kraft anzuwenden. Die Lust zum Guten wie zum Bösen gewährte mir gleichermaßen Befriedigung. Mit der Gruppe der Verneiner, die ich zeitweilig um ihre Hoffnungen beneidete, hatte ich nichts gemeinsam!« Er bietet ihr an, mit ihm in die Schweiz zu flüchten, nimmt aber sogleich sein Angebot wieder zurück: »Nein, Sie sollten vorsichtiger sein: meine Liebe wird ebenso flach sein, wie ich selbst es bin.« Als Dascha den Brief Warwara Petrowna zeigt, meldet ein Diener, Nikolai Stawrogin sei gerade nach Skworeschniki zurückgekehrt. In furchtbarer Vorahnung geht seine Mutter durchs Haus. In einer Dachkammer findet sie ihn. Er hat sich erhängt. Auf einem Zettel steht: »Niemanden beschuldigen, ich allein …« Die ärztliche Untersuchung ergibt, daß sich Nikolai Wsewolodowitsch Stawrogin bei vollem Bewußtsein und klarem Verstand umgebracht hat.

Die Brüder Karamasow

»Die Ideen fliegen einem nur so zu, wenn man jung ist«, schreibt Dostojewski 1856 an einen Freund, »doch darf man nicht alle aufgreifen und sofort aussprechen. Man sollte auf die Synthese warten, nachdenken und abwarten, bis sich die vielen Einzelheiten, die eine Idee ausmachen, zu einem Ganzen fügen.« Häufig hat er an seinen Werken beklagt, eine großartige Idee nicht adäquat ins Bild umgesetzt und damit verdorben zu haben. Im letzten Roman gelingt die ersehnte Synthese: *Die Brüder Karamasow* sind das große Finale des Gesamtwerkes.

Die spektakuläre Geschichte eines Vatermords als Gleichnis vom Menschen zwischen Gut und Böse wird auf ungewöhnliche Weise erzählt. Alle Welt glaubt den Schuldigen und seine Motive zu kennen. Die Indizien scheinen lückenlos. Der wirkliche Mörder jedoch hat geschickt und kaltblütig gehandelt. Ihm kann man nichts nachweisen. Vor Gericht kommt es zu einem Fehlurteil. Doch die Gerechtigkeit setzt sich durch, wenn auch auf einer anderen, höheren Ebene.

Ein Vater hatte drei Söhne. In einer Kleinstadt mit dem seltsamen Namen *Skotoprigonewsk* (Ort, wo das Vieh zusammengetrieben wird) wohnt der Gutsbesitzer Fjodor Pawlowitsch Karamasow. Unübertroffen in seiner Bosheit und gleichzeitigen Lächerlichkeit, führt er in seinem geräumigen Haus, zu dem ein Garten gehört und das zur Straße durch einen Zaun abgesichert ist, ein »nichtsnutziges« und »ausschweifendes« Leben. Ein moralisch entarteter Zeitgenosse mit der »Physiognomie eines alten römischen Patriziers aus der Verfallszeit«. Ein chaotischer, vom Alkohol vernebelter Geist, der aber gute Geschäfte macht. Aus zwei gescheiterten Ehen hat er drei Söhne: Dmitri (Mitja), Iwan und Alexej (Aljoscha). So wie im Märchen der jüngste Sohn, in der Regel ein Dummkopf, am Ende den Drachen tötet oder die Jungfrau befreit, so wird im Vorwort der jüngste Karamasow, Aljoscha, ein »seltsamer Mensch und Sonderling«, zur eigentlichen Hauptfigur erklärt.

Der Vater hat seine Söhne ignoriert, ihre Erziehung dem Zufall und fremden Leuten überlassen. Dmitri, der älteste, führt als junger Offizier ein zügelloses Leben und macht ständig Schulden, immer in der Hoffnung auf ein ihm zustehendes Erbe. Aber der Vater hintergeht ihn, bis vom Erbe nichts mehr übrig ist. Der Sohn wittert den Betrug, gerät darüber in Wut und kehrt in die Heimatstadt zurück, um die Angelegenheit zu klären. Dieser Umstand, so der Erzähler, habe dann zu der Katastrophe geführt, die im Roman geschildert wird. Die beiden anderen Söhne entstammen der zweiten Ehe und wachsen, als die Mutter stirbt, ebenfalls bei fremden Leuten auf. Der begabte Iwan, ein schweigsamer Reflektierer, besucht Gymnasium und Universität. Zu stolz, vom Vater Geld zu erbitten, gibt er Privatstunden und schreibt Artikel für die Presse. Unerwartet läßt er sich eines Tages im Vaterhaus nieder. Es heißt, er wolle im Streit zwischen Bruder und Vater vermitteln. Der dritte Sohn, Aljoscha, hat das Gymnasium abgebrochen und ist zurückgekehrt, um das Grab seiner Mutter zu besuchen. Im Kloster nahe der Stadt lernt er den Starez Sossima kennen, einen Einsiedlermönch und Seelsorger, in dessen Nähe er als Klosternovize lebt. Einig sind sich die Brüder in der moralischen Verurteilung des Vaters. Ansonsten entwirft der Autor drei unterschiedliche Charaktere, die als Verkörperungen der Sinnlichkeit (Dmitri), des Intellekts (Iwan) und eines gesunden seelischen Gleichgewichts (Aljoscha) gelten können. Eines Tages schlägt der Alte im Scherz vor, man solle sich in der Zelle des Starez Sossima versammeln und in seiner Anwesenheit den Familienstreit beilegen. Sossima ist anfangs verwundert (»Wer hat mich berufen, ihr Schiedsrichter zu sein?«), stimmt aber schließlich dem Treffen zu.

SKANDAL IM KLOSTER. Am Vormittag eines schönen Augusttages trifft der alte Karamasow mit seinem Sohn Iwan im Kloster ein. Dmitri verspätet sich. Vor der Klause des Starez lagert eine Volksmenge, vor allem Bauersfrauen, die auf seinen Segen warten. In einem besonderen Zimmerchen für vornehme Besucher wartet die Gutsbesitzerin Chochlakowa mit ihrer gelähmten Tochter Lisa. Sossima erscheint in Begleitung Aljoschas: Er ist fünfundsechzig Jahre alt, mittelgroß, geht etwas gebeugt, hat schmale Lippen und eine Nase wie ein Vogelschnabel. Der alte Karamasow stellt sich ihm sogleich als Possenreißer vor: »Ich bin ein eingefleischter Hofnarr, von Kindesbeinen an, bin so geboren, Ehrwürden, so etwas wie angeborener Schwachsinn! Oder möglich, daß sich ein unreiner Geist in mir verbirgt, übrigens keiner von großem Kaliber!« Mit seinem Geschwätz bestimmt er die Unterhaltung. Der Raum, bisher nur von tiefster Ehrfurcht erfüllt, wird durch seine alberne Rede, die zugleich von umwerfender Komik ist, entweiht. Noch in ihrer perversen und grotesken Form läßt sie Scharfsinn und eine gute Beobachtungsgabe erkennen.

Zwischendurch tritt Sossima hinaus auf die Galerie. Die Bauernweiber beichten ihm, erzählen von ihrem Leid, und er segnet sie. Frau Chochlakowa, eine »gefühlvolle Weltdame«, dankt dem Starez für die Heilung ihrer Tochter, die ihrerseits Aljoscha eine Einladung von Katerina Iwanowna, der Braut Dmitris, überbringt. Als der Starez in die Klause zurückkehrt und Dmitri immer noch nicht eingetroffen ist, unterhält man sich über einen Zeitungsartikel Iwans zum aktuellen Verhältnis von Kirche und Staat. Darin erklärt der Autor, die Kirche in Rußland dürfe nicht im Staat verschwinden oder sich wie im römischen Katholizismus zu einer Art staatlicher Institution erheben, sondern müsse den Staat in sich aufnehmen: »Jeder Staat müßte sich zum Schluß vollkommen in Kirche verwandeln.« Dann würde sich auch die Einstellung zum Verbrechen verändern: Die höchste Strafe wäre die Stimme des Gewissens, in der allein sich das Gebot Christi kundtue.

Da erscheint Dmitri Karamasow als inzwischen verabschiedeter Offizier in elegantem Zivilanzug, kräftig, von sympathischem

Aussehen, dabei von Natur aus reizbar und jähzornig, vor allem im Streit mit dem Vater. Er entschuldigt sich für sein Zuspätkommen. Man setzt die Diskussion fort, bis sich Sossima überraschend einmischt: Er bezweifle Iwans Aufrichtigkeit: »Weil Sie wahrscheinlich selbst weder an die Unsterblichkeit Ihrer Seele glauben noch an das, was Sie über Kirchenfragen geschrieben haben!« Der alte Karamasow fährt dazwischen: »Göttlicher, heiligster Starez: Das ist mein Sohn, Leib von meinem Leibe, mein ehrerbietigster Karl Moor, jener dort aber, mein Sohn Dmitri, das ist schon der unehrerbietigste Franz Moor, und ich bin in diesem Fall natürlich der regierende Graf von Moor!« Als sich Sossima solche Narreteien verbittet, beschuldigt der Alte Dmitri, sein Geld beim Militär zu verjubeln und seine Verlobte, die Tochter seines einstigen Kommandeurs, zu kompromittieren, indem er mit einem leichtsinnigen Frauenzimmer umherziehe. Dmitri kontert: Der Alte sei selber auf das Mädchen scharf und wolle den eigenen Sohn aus reiner Eifersucht ins Schuldgefängnis bringen, ein ausschweifender Lüstling und gemeiner Komödiant: »Wozu lebt so ein Mensch?« – »Hört, ihr Mönche, den Vatermörder!« brüllt der Alte. Inmitten des lautstarken Skandals wirft sich plötzlich der Starez vor Dmitri auf die Knie: »Verzeihen Sie, verzeihen Sie alle!« sagt er. Bestürzt und verwundert verlassen die Gäste die Einsiedelei.

Auf dem Weg zum Mittagessen im Kloster unterhält sich Aljoscha mit dem jungen Seminaristen Rakitin, der sich ironisch über den Kniefall Sossimas ausläßt: »Er hat ein Verbrechen gewittert. Der Starez hat symbolisch einen Mörder bezeichnet. Die Karamasows sind alle von gemeiner Lüsternheit. Wegen einer Frau, dieser Gruschenka, werden sie aneinandergeraten!« Als die beiden im Kloster eintreffen, gibt es neuen Streit. Man hatte sich gerade zu Tisch gesetzt, als der alte Karamasow, der versprochen hatte abzureisen, unverhofft zurückkommt und anfängt, das Kloster zu beschimpfen, die Mönche, selbst den Starez: »Ihr, heilige Väter, saugt ja das Volk aus!« Seinen Sohn wird er zurückholen und dem Kloster kein Geld mehr spenden! Schreiend und gestikulierend verläßt er den Speisesaal.

DMITRI BEICHTET. Auf dem Weg zu Katerina Iwanowna begegnet Aljoscha seinem Bruder Dmitri, der, offenbar in Hochstimmung, in der Laube eines Obstgartens Verse aus Schillers *An die Freude* zitiert. Tatsächlich aber plagt ihn ein schrecklicher Zwiespalt: Er habe, so beichtet er, seine Braut Katerina auf gemeine Weise betrogen und sei jetzt leidenschaftlich in Gruschenka verliebt. Wie soll man die Schönheit auffassen? geistig oder sinnlich? als Ausdruck des Ideals der heiligen Madonna oder als Verkörperung von Wollust und Laster, als Ideal Sodoms? Katerina, so erzählt er, sei die Tochter seines ehemaligen Vorgesetzten, ein strahlend schönes Institutsfräulein, das ihn kaum beachtet hatte. Eines Tages habe er ihr Geld gegeben, damit sie eine Unterschlagung ihres Vaters decken konnte. Er hätte die Situation ausnutzen können, sei aber standhaft geblieben. Als sie lange nach dem Tod des Vaters eine reiche Erbschaft macht, zahlt sie ihm das Geld zurück und will ihn heiraten. Man verlobt sich. Aber Dmitri zweifelt: Vielleicht liebt sie nur ihre eigene Hochherzigkeit? Dann lernt er die leichtsinnige Gruschenka kennen. Eine Leidenschaft wie Blitz und Donnerschlag: »Sie hat so eine Körperkurve!« Mit ihr fährt er nach Mokroje, feiert dort die Nacht durch und bezahlt die Zeche von dem Geld, das ihm Katerina zuvor anvertraut hat. Aljoscha rät, das Geld zurückzugeben. »Aber woher nehmen, vom Vater? juristisch schuldet er mir nichts mehr, höchstens moralisch! – Er wird nichts geben. – Ich weiß es, und jetzt schon gar nicht. Er selbst ist bis zur Tollheit in Gruschenka verliebt. Seit Tagen liegen bei ihm 3000 Rubel bereit, in einem Kuvert mit rosa Bändchen und der Aufschrift: ›Meinem Engel Gruschenka, wenn sie zu mir kommen will‹. Wenn Gruschenka wirklich kommt, wird es einen Totschlag geben. – Wen willst du erschlagen? – Den Alten. Ich hasse ihn, empfinde vor ihm einen physischen Ekel. Sie werde ich nicht erschlagen!« Er fleht den Bruder an, den Vater um Geld für ihn zu bitten und anschließend Katerina seinen »Abschiedsgruß« zu übermitteln.

SMERDJAKOW – EINE LAKAIENSEELE. In dem einstöckigen Karamasowschen Haus gibt es viele Dach- und Rumpelkammern, eigenartige Verstecke und unvermutete Treppchen. Auch Ratten hausen hier, die den Alten aber nicht stören. Zur Nacht entläßt er die Dienstboten, den alten Grigori mit seiner Frau Marfa und Smerdjakow, ins Nebengebäude. Die Tür zum Garten wird abends abgeschlossen. Grigori war einst Zeuge gewesen, als die stadtbekannte schwachsinnige Lisaweta, die »Stinkende« (Smerdjaschtschaja), auf dem Anwesen im Badehaus ein Kind geboren hatte und darauf gestorben war. Der Vater des Kindes, so heißt es, ist der alte Karamasow. Grigori zog den Jungen auf und gab ihm nach seiner Mutter den Namen Smerdjakow. Er war ein mißtrauisches Kind und bekam schon früh epileptische Anfälle. Mit Vergnügen erhängte er Katzen, um sie dann mit großem Zeremoniell zu beerdigen. An Büchern zeigte er wenig Interesse, liebte aber Sauberkeit und reinliche Kleidung. Inzwischen ist der junge Mann als Koch und zweiter Diener angestellt.

Als Aljoscha nach Hause kommt, ist das Mittagessen schon vorüber. Der Alte unterhält sich in Anwesenheit von Grigori und Smerdjakow angeregt mit Iwan. Man streitet über Macht und Ohnmacht des Glaubens. Scharfsinnig beweist Smerdjakow, daß man den Glauben durchaus verleugnen könne, wenn es um die eigene Haut geht. Dann ziehen sich die Diener auf Anweisung des Alten zurück. »Woher das Interesse Smerdjakows an dir?« fragt er Iwan, »womit hast du es ihm angetan? – So gut wie mit nichts. Er ist eine Lakaienseele. Zukünftiges Kanonenfutter, wenn die Zeit kommt! – Mit deinem Kloster würde ich ein Ende machen«, wendet sich der Alte an Aljoscha: »Diese ewige Mystik auf der russischen Erde einfach beseitigen und ausrotten. Und wieviel Gold dabei in den Münzhof käme! – Wozu denn beseitigen?« fragt Iwan. »Damit die Wahrheit erstrahle. – Aber wenn diese Wahrheit erstrahlt, wird man doch Sie als ersten berauben und beseitigen! – Dieser Starez«, fährt der Alte fort, »das ist ein russischer Jesuit, ein Wüstling! Er hat etwas Mephistophelisches, und an Gott glaubt er nicht für ’ne halbe Kopeke!« Das Lieblingsthema des Alten aber sind die Frauen. Beiläufig erzählt er, wie er der Mutter seiner beiden Söhne die Mystik austreiben wollte und in ihrer Gegenwart vor einer Ikone ausgespuckt habe. Da sei sie ohnmächtig geworden. Aljoscha gerät außer sich.

Im selben Augenblick hört man aus dem Vorzimmer lautes Geschrei. Herein stürzt Dmitri auf der Suche nach Gruschenka: »Sie ist hier!« schreit er, »ich habe sie gesehen, als sie um die Ecke bog!« Er packt den Vater an den Haaren, reißt ihn zu Boden und tritt ihm mit dem Stiefelabsatz ins Gesicht: »Ich werde ihn noch totschlagen!« Iwan gelingt es, ihn loszureißen: »Ein Geschmeiß wird das andere verschlingen!« murmelt er. Der verletzte Alte, um den man sich bemüht, meint plötzlich zu Aljoscha, eigentlich fürchte er Iwan mehr als Dmitri. Als Aljoscha das Haus verläßt, sitzt Iwan auf der Bank am Hoftor. »Dieses Frauenzimmer ist ein Tier!« sagt er und verspricht, den Alten zu schützen.

Der Streit der schönen Frauen. Es dämmert bereits, als Aljoscha bei Katerina Iwanowna eintrifft. Etwas verlegen überbringt er Dmitris Abschiedsgruß. Sie bleibt unbeeindruckt und will ihn trotz des Betrugs nicht verlassen. Und was Gruschenka betrifft: »Das ist Leidenschaft, aber nicht Liebe. Sie wird ihn nicht heiraten. Dieses Mädchen ist ein Engel, ein bezauberndes Geschöpf!« Jemand schlägt den Türvorhang zurück. Vor Aljoscha steht Gruschenka, das »Tier«, wie Iwan sie bezeichnet. Eine russische Schönheit von üppiger Gestalt, mit weichen Körperbewegungen und einer singenden Aussprache, die im Widerspruch zu ihrem kindlich-gutmütigen Gesichtsausdruck steht. Katerina ist von Gruschenka begeistert und erzählt deren Lebensgeschichte: Sie sei vor fünf Jahren von einem Offizier verlassen worden, der, inzwischen verwitwet, zurückkommen werde, um sie doch noch glücklich zu machen. Da unterbricht Gruschenka den Redefluß: »Den armen Dmitri habe ich doch aus reiner Spottlust erobert! Jetzt gefällt er mir wieder. Vielleicht werde ich bei ihm bleiben? – Vorhin sprachen Sie ganz anders!« Gruschenka nimmt Katerinas Hand, um sie zu küssen, besinnt sich aber: »Ich werde Ihr Händchen jetzt einfach nicht küssen! – Unverschämte!« stößt Katerina hervor: »Hinaus, Sie gemeines Geschöpf, Sie feile Dirne! – Schämen Sie sich, liebes Fräulein. Haben Sie nicht vor einiger Zeit Ihre Schönheit für Geld verkauft?« Mit dieser Anspielung verläßt Gruschenka das Haus. Katerina ist wie von Sinnen: »Auspeitschen müßte man sie, auf dem Schafott, durch den Henker, öffentlich!« Aljoscha taumelt auf die Straße und nimmt mechanisch das Briefchen von Lisa Chochlakowa an sich, das ihm ein Stubenmädchen zusteckt. Auf dem Weg zum Kloster fängt ihn Dmitri ab, dem er vom Verlauf der Unterhaltung berichtet. »Ein infernales Weib. Die Königin aller infernalen Weiber!« kommentiert Dmitri. »Hast du ihr von der Unterschlagungsgeschichte erzählt? – Ja ich bin ein Schuft, das steht nun fest.« Nachdenklich kehrt Aljoscha zum Kloster zurück und übernachtet im Vorzimmer der Einsiedelei. Als er zu Bett geht, fällt ihm der Brief wieder ein. Lisa schreibt, sie liebe ihn und möchte ihn heiraten.

ZWISCHENSTÜCKE. Die zu Anfang des zweiten Teils rasch wechselnden Szenen verfolgen wir mit den Augen Aljoschas, der seinen sterbenskranken Lehrer und Freund Sossima nur ungern verläßt, um im Familienstreit zu vermitteln. Zu Hause beim Frühstück meint der Vater, Iwan sei ausgegangen, wahrscheinlich um Mitja die Braut abspenstig zu machen, wie er boshaft hinzufügt. Übrigens, Iwan sei dagegen, daß sein Vater Gruschenka heirate. »Warum spricht er nicht mit mir; spricht er aber mit mir, so verstellt er sich. Ein Schuft ist dein ganzer Iwan! […] Nur mit dir allein bin ich ein paar Augenblicke lang gut gewesen, denn sonst bin ich ja doch ein böser Mensch. – Nein, Sie sind kein böser Mensch. Sie sind nur ein entstellter Mensch!« sagt Aljoscha lächelnd. Als er jedoch für Dmitri um Geld bittet, wird der Alte wütend.

Auf dem Weg zu Lisa Chochlakowa gerät Aljoscha in eine Steinschlacht von Schulkindern. Zielscheibe ist ein schmächtiger, kränklicher Junge, der seinerseits Steine zurückwirft, dabei auch Aljoscha empfindlich trifft und das offenbar absichtlich. Wer war der erbitterte Steinwerfer? Aljoscha wird bei den Chochlakows erwartet. Aus einer Seitentür winkt ihn zunächst die kapriziöse Lisa zu sich herein. Beim Tête-à-tête fordert sie vergeblich ihren

Liebesbrief zurück, bis Aljoscha verspricht, sie später einmal zu heiraten. Indes werden ihm die Liebesverhältnisse seiner Brüder immer undurchsichtiger. Wen liebt Katerina Iwanowna nun wirklich? Im Salon trifft er auf sie und Iwan. Dmitri tue ihr nur noch leid, erklärt Katerina, doch wolle sie ihn nicht aufgeben: »Ich werde sein Gott sein, zu dem er betet, werde mich in ein Mittel zu seinem Glück verwandeln!« Als Iwan beiläufig seine baldige Abreise nach Moskau erwähnt, scheint sie froh, ihn loszuwerden. »Das stolze Weib bedurfte meiner Freundschaft nicht!« lacht er sarkastisch. Sie habe ihn nur benutzt, um sich an Dmitri, ihrem Beleidiger, zu rächen: »Sie haben mich viel zu bewußt gequält, als daß ich Ihnen jetzt verzeihen könnte.« – »Den Dank, Dame, begehr' ich nicht!« zitiert er Schiller und verläßt ohne Abschied das Haus.

Katerina bittet Aljoscha, dem Hauptmann a. D. Snegirjow 200 Rubel zu überbringen. Snegirjow hatte als Strohmann die Geschäfte des alten Karamasow besorgt und war dafür von Dmitri verprügelt worden. Der Sohn Snegirjows war Zeuge der Demütigung seines Vaters gewesen. Er also ist der Steinwerfer! Aljoscha besucht die armselig lebende Familie, eine kränkelnde und schwachsinnige Frau, zwei ältere Töchter und im Bett hinter dem Vorhang der kranke Sohn Iljuscha. Er übergibt das Geld, aber der Hauptmann wirft ihm die Scheine vor die Füße. Er werde seine Ehre nicht verkaufen. Natürlich, der Beleidigte haßt seine Wohltäter, denkt Aljoscha. Anderes bedrückt ihn: »Meine Brüder stürzen sich ins Unglück, und mein Vater tut dasselbe.« Dringend muß er Dmitri finden, denn er ist überzeugt, daß eine furchtbare Katastrophe bevorsteht. Nahe der Laube, wo er ihn zu finden hofft, trifft er diesmal Smerdjakow, der einem jungen Mädchen triviale Liebeslieder zur Gitarre vorsingt und ihr seine Lebensansichten mitteilt: »Ich hasse ganz Rußland. Es wäre besser gewesen, Napoleon hätte das Land unterworfen. Dann würden jetzt andere Gesetze und Ordnungen hier herrschen!«

IWAN UND ALJOSCHA SPEISEN ZU MITTAG. DER GROSSINQUISITOR. Iwan sitzt unterdes im Restaurant *Zur Hauptstadt*.

Er freut sich, den jüngeren Bruder zu sehen, und lädt ihn zu Fischsuppe, Tee und eingemachten Kirschen ein. Bereitwillig erzählt er von sich, seiner Liebe zum Leben und der Absicht, nach Europa zu reisen. »Aber Dmitri und der Vater; womit wird das noch enden? – Was geht das mich an? Bin ich etwa der Hüter meines Bruders?« Auch mit Katerina sei er am Ende. »Reden wir lieber über andere Dinge: Gott und die Unsterblichkeit, Sozialismus und Anarchismus.« Damit sei das junge Rußland heute beschäftigt. »Gott haben sich die Menschen doch nur ausgedacht. Wie soll man über etwas urteilen, was nicht von dieser Welt ist? Also akzeptiere ich Gott, nur die von ihm geschaffene Welt akzeptiere ich nicht. – Wirst du mir erklären, weswegen du die Welt nicht akzeptierst?« Es gebe zu viel Leid auf der Welt, vor allem das Leid unschuldiger Kinder. Die Schuldigen aber ziehe niemand zur Verantwortung. »Ich brauche Vergeltung, oder ich will nicht mehr leben! Ich will keine Harmonie, aus Liebe zur Menschheit will ich sie nicht. Diese Harmonie ist zu teuer erkauft. Nicht Gott ist es, den ich ablehne. Ich gebe ihm nur die Eintrittskarte in seine Welt ergebenst zurück.« Aljoscha verweist auf Christus, den Erlöser von allen Leiden: »Auf *Ihm* wird das Gebäude errichtet werden!« Zu diesem Thema, entgegnet Iwan, habe er sich ein »Poem« ausgedacht. »Meine Dichtung heißt *Der Großinquisitor*, eine absurde Geschichte, aber ich möchte sie dir doch einmal erzählen«:

In Sevilla zur Zeit der Inquisition erscheint nach einem prunkvollen Akt der Ketzerverbrennung Jesus Christus. Das Volk erkennt ihn sogleich und umringt ihn, als er ein kleines Mädchen vom Tod auferweckt. Der Inquisitor läßt ihn verhaften und im Palast des Heiligen Tribunals einschließen. In der Nacht besucht er den Gefangenen und fragt ihn: »Warum bist Du zurückgekommen, uns zu stören? Noch morgen werde ich Dich richten und als den ärgsten aller Ketzer auf dem Scheiterhaufen verbrennen.« In einem langen Monolog rechtfertigt der Inquisitor die Korrektur der christlichen Idee: Man habe die leichtfertig verkündete Freiheit des Glaubens und des Gewissens aufgekündigt und durch eine Herrschaft der Kirche ersetzt, um die Menschen vor sich selbst zu schützen. Christus habe versäumt, die klugen Ratschläge des Teufels anzunehmen: Du verschmähtest es, Steine in Brot zu verwandeln und Hungrige zu sättigen! Du stürztest Dich nicht von der Zinne des Tempels, weil Du Gott nicht versuchen wolltest, und Du bist auch vom Kreuz nicht herabgestiegen, weil Du den Menschen nicht durch ein Wunder zum Glauben führen wolltest. Schließlich hast Du auch das Angebot, alle Reiche dieser Erde, ausgeschlagen. »Hättest Du das Schwert und den Purpur des Kaisers angenommen, so hättest Du die Weltherrschaft begründet und der Welt den Frieden gegeben. Denn wahrlich, wer sollte wohl sonst über die Menschen herrschen, wenn nicht diejenigen, die ihr Gewissen und ihre Brote in der Hand haben?« Der Inquisitor bekennt, mit dem Teufel im Bund zu sein: »Wir nahmen von ihm Rom und das Schwert des Kaisers und erklärten, daß nur wir allein die Herrscher seien!« Aljoscha durchschaut den Bruder: »Das ist schlechter Katholizismus: Inquisitoren und Jesuiten. Der Wunsch nach Macht und Erdengütern in der Art einer neuen Leibeigenschaft. Dein Inquisitor glaubt nicht an Gott, das ist sein ganzes Geheimnis!« Aber Iwan gibt zu bedenken: Notgedrungen müsse man die schwachen Menschen nach den Ratschlägen des Teufels betrügen, sie beherrschen – nach den Worten des Inquisitors: durch das Wunder, das Geheimnis und die Autorität –, damit diese armseligen Blinden nicht merken, wohin sie geführt werden. Nur so könne man eine glückliche Menschengemeinschaft errichten. Die Erzählung endet überraschend: Christus läßt sich auf keinen Disput ein, er schweigt, küßt den Inquisitor »auf die blutleeren neunzigjährigen Lippen« und verläßt den Kerker.

Als Iwan nach Hause kommt, sitzt auf der Bank am Hoftor Smerdjakow. Trotz einer intuitiven Abneigung hat er oft mit dem Diener und möglichen Stiefbruder gesprochen. Bemerkt hatte er nur eine grenzenlose Eigenliebe, die sich gekränkt und erniedrigt glaubt. Smerdjakow dagegen scheint sich mit Iwan irgendwie solidarisch zu fühlen. »Warum fahrt Ihr nicht fort?« fragt er ihn: »Ich bin sicher, Herr, daß ich morgen einen langen Anfall haben werde, ich kann von der Bodentreppe fallen oder auch in den

Keller. – Wirst du den Anfall spielen?« Smerdjakow weicht aus: Der Diener Grigori sei übrigens auch krank, werde mit Branntwein behandelt und sicher bald fest schlafen. Wenn Gruschenka kommen sollte, habe er, Smerdjakow, mit dem Alten bestimmte Klopfzeichen ausgemacht. Auch erinnert er an das Kuvert mit den 3000 Rubeln für Gruschenka, und Dmitri Fjodorowitsch brauche doch jetzt Geld. »An Eurer Stelle würde ich fortgehen. Das ist besser, als bei so einer Geschichte dabeizusitzen!« Plötzlich erklärt Iwan, er werde morgen nach Moskau fahren.

In dieser Nacht schläft er schlecht. Ihm ist, als habe er jeden Halt verloren, und er haßt sich selbst. Nachts steht er mehrmals auf und lauscht nach unten, wo sich die Räume des Vaters befinden. Aber alles bleibt still. Am Morgen fühlt er zunächst eine ungewöhnliche Energie. Dem Vater sagt er, daß er jetzt für immer fortgehe, nach Moskau. In guter Laune fährt Iwan in den klaren Spätsommertag. Doch schon im Zug quälen ihn unklare Gewissensbisse. Am Abend bekommt Smerdjakow einen Anfall und stürzt in den Keller. Der alte Karamasow aber erwartet an diesem Abend Gruschenka.

Aljoscha verlässt das Kloster. Als Aljoscha in die Einsiedelei zurückkehrt, verheißt ihm sein Lehrer und Freund den baldigen Auszug in die Welt. Viel Leid werde er durchmachen, aber dadurch auch glücklich werden. Später, nach dem Tod Sossimas, wird Aljoscha die letzten Erzählungen und Gespräche des Starez aus dem Gedächtnis niederschreiben: biographische Geschichten von seiner Läuterung zum Klostermönch, von einem Duell, das nicht stattfindet, und von einem »geheimnisvollen Gast«, der ihm einen Mord gesteht, für den ein anderer verurteilt wurde – alles Episoden, die wie Spiegelungen der Haupthandlung des Romans anmuten. In seinen »Belehrungen« entwirft Sossima ein Verhaltensmodell für seine Glaubensbrüder. Nur der Gläubige, heißt es dort, wird den inneren Zusammenhang der Welt erfahren: »denn alles ist wie ein Ozean, alles fließt und berührt sich, an einer Stelle rührst du es an, und am anderen Ende der Welt wird es gespürt und hallt es wider«. Gegen den Anspruch des Großinquisitors, die

Welt zu beherrschen, setzt Sossima das Bild eines heilsgeschichtlichen Kosmos, in den der Mensch integriert ist. Für alles und alle mitverantwortlich und an allem mitschuldig, darf er sich nicht als Herrscher oder Richter über andere erheben.

Die Nachricht vom Tod des Starez verbreitet sich rasch. Die Menge erwartet ein Wunder. Als nach einiger Zeit vom offenen Sarg Leichengeruch ausgeht, erregt die Nachricht allenthalben Unmut. Also doch kein Heiliger! Man habe es gewußt! Beamte, Intellektuelle, Klostergäste und Mönche üben boshafte Kritik am Starez, an seiner Gelehrsamkeit und seinen, wie es heißt, modischen Neuerungen. Für den tief erschütterten Aljoscha bedeutet der Tod Sossimas einen Wendepunkt in seinem Leben. Die Ungerechtigkeit, die dem Lehrer jetzt widerfährt, verwandelt seine Trauer in Niedergeschlagenheit. Er verläßt die Einsiedelei. Rakitin, der ihn am Weg unter einem Baum findet, schlägt vor, gemeinsam zu Gruschenka zu gehen.

Gruschenka ist als achtzehnjährige Popentochter, die ein Offizier verführt und sogleich wieder verlassen hatte, in diese Stadt gekommen und hat durch Vermittlung des alten Kaufmanns Samsonow, ihres Freundes und Beschützers, eine Wohnung gemietet. Bei ihm lernt sie das »Geschäftemachen« und spart ein kleines Vermögen zusammen. Der Kaufmann rät ihr, allenfalls den alten Karamasow zu heiraten und sich von ihm Kapital überschreiben zu lassen. Dmitri dagegen sei völlig indiskutabel. Sie freut sich über den unerwarteten Gast, setzt sich neben ihn auf den Diwan, dann auf sein Knie. Aljoscha, niedergedrückt von seinem Kummer, ist auf eine Verführung nicht eingestellt. Als Gruschenka vom Tod des Starez hört, bekreuzigt sie sich und setzt sich zurück auf den Diwan. Er weiß zu schätzen, daß sie ihn ernst nimmt und Mitleid empfindet. Inzwischen trifft der Bote mit dem Wagen ein, der Gruschenka nach Mokroje zu ihrem Offizier bringen soll. Aljoscha aber geht in der Dunkelheit allein übers Feld zum Kloster zurück.

Als er in der Klause des Verstorbenen zum Gebet niederkniet, überfällt ihn große Müdigkeit. Wie von weither hört er die Stimme des Paters Paissi, der aus dem Evangelium die Geschichte von der Hochzeit zu Kana laut vorliest. Plötzlich erweitert sich das Zimmer, und er selber befindet sich auf der Hochzeit. Sossima tritt auf ihn zu: »Freuen wir uns, trinken wir den Wein neuer, großer Freude. Siehst du, wieviel Gäste hier sind? Beginne, mein Lieber, beginne dein Werk!« Aljoscha spürt in dieser »mystischen Berührung mit einer anderen Welt« Schmerz und Begeisterung. Er erwacht und stürzt hinaus ins Freie. Als hätte ihn ein wuchtiger Schlag getroffen, wirft er sich auf die Erde, steht wieder auf und fühlt sich plötzlich für das Leben gewappnet. Nach drei Tagen verläßt er das Kloster für immer.

Dmitri läuft Amok. Mit dem Tod Sossimas und Aljoschas Auszug in die Welt verschwindet im dritten Teil die Klosterwelt aus dem Roman. Der Erzähler wendet sich Dmitri zu, den rasende Eifersucht quält. Würde Gruschenka wegen des Geldes dem Vater in die Arme laufen? Käme sie zu ihm, zu Dmitri, ginge er mit ihr bis ans Ende der Welt. Aber woher dafür die Mittel nehmen? Bisher hatte er nur Geld ausgegeben. Wie man es verdient, davon hatte er keine Vorstellung. Er geht zu Samsonow, Gruschenkas Mäzen, dem er vorschlägt, ihm aus dem Erbe das Gut Tschermaschnja, das mindestens 25000 Rubel wert sei, zu überschreiben. Samsonow solle ihm dafür 3000 Rubel zahlen. Dieser lehnt das Angebot befremdet ab. Nachdem Dmitri bei einem Bekannten seine Pistolen versetzt hat, begibt er sich zu Frau Chochlakowa, von der er weiß, daß sie Katja mit Iwan verheiraten möchte und ihn, Dmitri, haßt. Vielleicht wird sie ihm das Geld geben, um ihn loszuwerden? Die Dame empfängt ihn überschwenglich und redet von sibirischen Goldgruben, in denen er sein Glück machen könne, doch 3000 Rubel, die hat sie nicht. Er verläßt das Haus und schlägt sich wie ein Irrsinniger fortwährend mit der Hand auf die Brust, eine Geste, deren Bedeutung sich erst später aufklärt. Er läuft zu Gruschenka, trifft sie aber nicht an. Ist sie in Mokroje bei ihrem Bräutigam? Oder beim Vater? Beiläufig steckt er einen Metallstößel ein. In der Dunkelheit steigt er über den Zaun und schleicht sich an ein erleuchtetes Fenster, wo er das verhaßte Profil des Vaters sieht.

Wut überkommt ihn, und er reißt den Stößel aus der Tasche. Filmschnitt. Im Text eine Leerzeile.

Im Haus erwacht der Diener Grigori und macht einen Kontrollgang durch den Garten, als jemand an ihm vorbeiläuft. Er erkennt den Eindringling: »Der Unmensch, der Vatermörder!« schreit er und bricht unter einem Schlag auf den Kopf blutüberströmt zusammen. »Gott, warum habe ich das getan?« fragt sich Dmitri, wirft achtlos den Stößel fort und beugt sich besorgt zu dem Diener nieder, bevor er über den Zaun verschwindet. Blutbeschmiert und in der Hand einen Packen Hundertrubelscheine, taucht er bei seinem Bekannten auf, um seine Pistolen auszulösen. »Haben Sie eine Goldgrube geerbt? – Ha, Goldgruben! – Ihr Rock ist ja auch blutig! Haben Sie vielleicht jemanden erschlagen?« Beim Delikatessenhändler bestellt Dmitri Wein und Süßigkeiten. Auf nach Mokroje! Die rasende Troikafahrt entspricht seiner aufgeregten Stimmung. Hat er den alten Diener wirklich erschlagen? »Herrgott, laß dein Gericht an mir vorübergehen!« Er will Gruschenka noch einmal sehen und ihr dann den Weg freigeben für den anderen. Im Gasthof von Mokroje brennt noch Licht. In der großen Gästestube sitzen ein paar Gutsbesitzer, der polnische »Bräutigam« mit einem Freund und Gruschenka, die sich aufrichtig über sein Kommen freut. Eine Orgie kommt in Gang mit jüdischen Musikanten, einem Mädchenchor, Zigeunern, alle von Dmitri bestellt. Gruschenka gesteht ihm, wenn auch betrunken, ihre Liebe. Als sie müde wird, legt er sie auf ein Bett hinter dem Vorhang und bekennt: »Dich liebe ich, dich allein! Ich werde dich auch in Sibirien lieben, ewig!« Plötzlich herrscht Totenstille im ganzen Haus. Mitja sieht nach. Das Zimmer ist voller Menschen, unter ihnen der Kreispolizeichef, der Stellvertreter des Staatsanwalts, der Polizeimeister und der Untersuchungsrichter, der ihm mitteilt: »Sie sind angeklagt, Ihren Vater Fjodor Pawlowitsch Karamasow in dieser Nacht ermordet zu haben!«

Erste Verhöre. Marfa, die Frau des verletzten Dieners Grigori, hat den Toten entdeckt und den Polizeichef Makarow informiert, bei dem gerade an diesem Abend die meisten Beamten der exekutiven Macht versammelt sind. Gemeinsam begibt man sich zum Tatort. Der Kreisarzt stellt fest, daß dem alten Karamasow der Schädel eingeschlagen wurde. Man findet den Stößel, vermutlich die Tatwaffe, sowie das leere Kuvert, in dem sich offenbar das Geld für Gruschenka befand. Die Tür vom Garten ins Haus stand weit offen. In der Beurteilung der Lage war man sich einig. Um fünf Uhr früh trafen die Beamten in Mokroje ein.

Beim Verhör erklärt Dmitri, er habe den Vater nicht getötet. Er ist erleichtert, als er erfährt, Grigori sei nur verletzt. Und der Streit um das Mädchen? Wozu habe er die 3000 Rubel gebraucht, wozu den Stößel mitgenommen? Wie erkläre er seine Anwesenheit am Tatort, und woher stamme das viele Geld, das er plötzlich bei sich hatte? Dmitris Anworten erscheinen lückenhaft und klingen wenig plausibel. Dann muß er seine Taschen ausleeren und sich ausziehen. Zwar geschockt von den persönlichen Demütigungen, bleibt er aber dabei, er sei unschuldig. Er gibt zu, das Geld stamme von Katerina Iwanowna. Die eine Hälfte habe er damals mit Gruschenka durchgebracht, die zweite Hälfte aber zurückbehalten, in ein Stück Stoff eingenäht, als Amulett um den Hals getragen und jetzt erst hervorgeholt. Aber vor Zeugen habe er mehrmals von 3000 Rubel gesprochen? Warum könne er sich nicht an den Stoffetzen erinnern, in den das Geld angeblich eingenäht war? Dmitri bittet um eine Pause und tritt ans Fenster. Draußen läßt der Regen die armseligen Bauernhütten noch dunkler und trauriger erscheinen. Vor Erschöpfung schläft er ein und träumt von einem abgebrannten Dorf und von Frauen, die weinend und bettelnd am Weg stehen. »Warum?« fragt er den Kutscher. »Weil das ›Kindchen‹ hungrig ist und friert. – Aber warum ist das so?« fragt Mitja. »Weil sie doch arm sind, abgebrannt und kein Brot haben!« Als er aufwacht, bittet man ihn, das Protokoll zu unterschreiben. Man werde ihn jetzt in die Stadt bringen. Gruschenka verneigt sich vor ihm: »Mit dir gehe ich bis in die Ewigkeit, wohin man dich auch verschicken sollte! – Gruscha, vergib mir, daß ich dich ins Unglück stoße!«

ALJOSCHA UND DIE KINDER. Zu Beginn des vierten und letzten Teils führt der Erzähler den Leser in die Welt der Kinder. Schon Iwan hat das Leiden unschuldiger Kinder als Argument gegen die Schöpfung angeführt. Aljoscha erfuhr von der Verzweiflung des kleinen Snegirjow über die Demütigung seines Vaters, und Dmitri träumte von einem hungernden ›Kindchen‹. Kinder bedeuten aber auch Zukunft, eine Möglichkeit zur Erneuerung der Welt.

Unweit des Ladens, in dem Dmitri die Delikatessen für Mokroje bestellte, wohnt die Beamtenwitwe Krassotkin mit ihrem Sohn Kolja, einem Schulkameraden Iljuscha Snegirjows. Inzwischen hat Aljoscha die Jungen dazu gebracht, sich mit dem kranken Iljuscha, den sie wegen seines geprügelten Vaters gehänselt hatten, zu versöhnen und ihn zu besuchen.

Als der ehrgeizige Kolja Krassotkin eines Tages bei den Snegirjows auftaucht, tut er sich vor Aljoscha hervor und rühmt sich seiner modernen Ansichten: Er glaube an die Naturwissenschaften, und den lieben Gott halte er für eine bloße Erfindung: »Ich bin Sozialist, Karamasow! Sie verachten mich jetzt wohl sehr? – Aber weswegen denn? Es tut mir nur leid, daß eine so prächtige Natur wie die Ihrige schon von diesem Unsinn verdorben ist!« Kolja fühlt sich ertappt. Er lenkt ein, bekennt seine ständige Angst, lächerlich zu erscheinen. »Die Angst, lächerlich zu erscheinen, ist eine verbreitete Geisteskrankheit«, meint Aljoscha. »In dieser Eitelkeit sitzt der Teufel!« Der von Frau Chochlakowa bestellte Arzt, eine Moskauer Kapazität, hat inzwischen Iljuscha untersucht. »Seien Sie auf alles gefaßt!« sagt er zum Vater herablassend und rät ihm, Iljuscha zur Kur nach Syrakus und die Ehefrau zu einem Pariser Psychiater zu schicken. Aljoscha besucht noch einmal die Chochlakows. Nachdem er das oberflächliche Geschwätz der Mutter über die Prozeßaussichten über sich hat ergehen lassen, schafft er es, in Lisas Zimmer zu gelangen. Das verwöhnte und gelangweilte Mädchen ist mit sich und der Welt unzufrieden. In ihrer Eitelkeit, gespielten Bosheit und Selbstanklage ähnelt sie Kolja Krassotkin: Halbwüchsige auf dem Weg zum Erwachsenwerden.

IWANS ZWEIFEL UND HALLUZINATIONEN. Gemeinsam haben Gruschenka, Iwan und Katerina den bekannten Moskauer Anwalt Fetjukowitsch als Verteidiger engagiert. Im Gefängnis erzählt Dmitri seinem Bruder, Rakitin schreibe einen Artikel über ihn. Das Milieu sei schuld gewesen: »Er konnte unmöglich nicht morden. Die Verhältnisse in seiner Umgebung zwangen ihn dazu.« Auch habe Rakitin ihm erklärt, der Mensch lebe nur wegen seiner Nerven: »Nur weil die Nerven solche Schwänzchen haben und anfangen zu zappeln, nicht weil man eine Seele hat! Die Chemie, Brüderlein, die Wissenschaft! Ein neuer Mensch ist im Werden!« Aljoscha rückt ihn zurecht: »Morgen wird sich Gottes Gericht über dir vollziehen, und du sprichst wer weiß wovon! – Iwan rät mir, mit Gruschenka nach Amerika zu fliehen. Er hat sich das ausgedacht und will auch Geld dafür geben. Ob in Sibirien eine Trauung möglich ist? – Du mußt das Urteil abwarten und dann entscheiden!« Danach geht Aljoscha zu Iwan, der Dmitri für schuldig hält. Es gäbe Beweise. Unmöglich! meint Aljoscha und fügt plötzlich orakelhaft hinzu: »Ich weiß nur das eine: nicht du hast den Vater erschlagen! Mich hat Gott gesandt, dir das zu sagen!«

Bei eisiger Kälte und scharfem, trockenem Wind, der dichten, pulverigen Schnee mitführt, begibt sich Iwan zu Smerdjakow, den er schon mehrmals befragt hat. Smerdjakow gibt endlich den Mord zu, beschuldigt aber Iwan: »Ihr seid der Hauptmörder, ich bin nur Euer Handlanger gewesen, Euer getreuer Diener. Nur auf Euren Wunsch hab' ich die Sache ausgeführt!« Er habe den Alten mit einem Briefbeschwerer erschlagen, als Grigori draußen verletzt am Boden lag und Dmitri schon geflohen war. Er zeigt Iwan das gestohlene Geld, »die ganzen 3000«, die hinter einem Heiligenbild versteckt waren. Nur er habe davon gewußt. Die Tür zum Haus sei geschlossen gewesen. Grigori habe sich getäuscht. Auf Grund dessen falscher Aussage würde man den völlig unschuldigen Dmitri verurteilen! Iwan droht, ihn vor Gericht zu bringen und auch sich selbst anzuzeigen. Smerdjakow bleibt gelassen. So viel Mut traut er dem Halbbruder nicht zu.

Als Iwan zu Hause das Geständnis Smerdjakows überdenkt,

bemerkt er zu seinem Entsetzen: Auf dem Sofa sitzt jemand! Ein Traum? Eine Halluzination? Die Ärzte hatten ihn gewarnt. Der nächtliche Besucher legitimiert sich als der Teufel: *»Satanas sum et nihil humanum a me alienum puto.«* Allerdings fühle er sich im Gegensatz zu Goethes Mephisto eher menschlich. Iwan zweifelt: Sitzt vor ihm wirklich der Teufel, oder bildet er sich die Erscheinung nur ein? Darauf käme es gar nicht an, meint der Gast, vielmehr auf den Zweifel, den Iwan empfinde: »Das Schwanken, das Zweifeln, die Unruhe, das Ringen des Glaubens mit dem Unglauben, das ist mitunter eine solche Qual, daß man sich lieber erhängen möchte.« Dabei sei doch alles ganz einfach: »Wenn man die Gottesidee in der Menschheit abschafft, dann wird alles nach Wunsch gehen. Der Menschgott wird entstehen, sich über den früheren Knechtmenschen hinwegsetzen. Für diesen neuen Gott gäbe es kein Gesetz mehr. Alles ist erlaubt und damit basta!« Wütend wirft Iwan ein Teeglas nach dem Besucher. »Da ist ihm Luthers Tintenfaß eingefallen! Selbst hält er mich für einen Traum und wirft dabei mit Teegläsern nach mir!« An der Haustür wird geklopft. Iwan springt auf. Das Teeglas steht unberührt auf dem Tisch, und an der Wand gegenüber sitzt niemand. Aljoscha ruft: »Vor einer Stunde hat sich Smerdjakow erhängt!« Welchen Sinn, so überlegt Iwan, könnte nach Smerdjakows Tod eine Anzeige noch haben? Ohne Beweise würde ihm ohnehin keiner glauben.

EIN JUSTIZIRRTUM. DIE REDE DES STAATSANWALTS. Der Tag der Gerichtsverhandlung ist gekommen. Für die Kleinstadt eine Sensation. Von überall ist man angereist. Die Eintrittskarten sind restlos ausverkauft, der Saal überfüllt. Etwa die Hälfte des Publikums besteht aus Damen, die außer einem Freispruch für den Angeklagten mit »hysterischer Neugier« die Begegnung der Aristokratin Katerina mit der ›Hetäre‹ Gruschenka erwarten. Die Männer interessieren sich vor allem für den berühmten Moskauer Anwalt Fetjukowitsch und seinen Zweikampf mit dem hiesigen Staatsanwalt. Der Gerichtsdiener führt Dmitri herein. Nach dem Verlesen der Anklage die Frage: Bekennen Sie sich schuldig? Dmitri bekennt allerlei Untaten, beteuert aber, den Vater nicht erschlagen zu haben. Es folgt die Zeugenvernehmung. Aljoscha behauptet, Smerdjakow habe den Vater getötet, beweisen kann er es nicht. Dann schildert Katerina Iwanowna ihre Beziehung zu dem Angeklagten und erwähnt mit einem gewissem Pathos die alte Geschichte: wie sie zu ihm gegangen ist und Geld von ihm angenommen hat. Alle sind von ihrer Offenheit beeindruckt. Der Angeklagte erscheint plötzlich als ein hochherziger Mensch, der wohl kaum seinen Vater ermorden und dessen Geld stehlen würde. Auch Gruschenka ist der Meinung, Dmitri sei unschuldig und sie glaube ihm. Schuld an allem sei allein Katerina Iwanowna – eine folgenschwere Behauptung, wie sich herausstellen wird. Iwan erklärt im Zeugenstand, er fühle sich krank und könne nichts Besonderes mitteilen. Dann legt er plötzlich das Geldpaket Smerdjakows auf den Tisch und beschuldigt ihn des Mordes: »Er hat den Vater erschlagen, ich aber habe ihn zu töten gelehrt! Wer wünscht denn nicht den Tod des Vaters? Alle wünschen den Tod des Vaters. Gäbe es keinen Vatermord, so würden alle sofort verärgert und wütend auseinanderlaufen!« Als die Polizei ihn hinausführt, erhebt sich ein allgemeiner Tumult. In einem hysterischen Anfall ruft Katerina, sie wolle noch eine Aussage machen. Aus verletzter Ehre, aus Rache und nicht zuletzt provoziert durch Gruschenkas gehässige Anschuldigung, gibt sie Dmitri preis und legt dem Gericht jenen schon erwähnten Brief vor, in dem er den Mord buchstäblich ankündigt. Die Befragung ist abgeschlossen. Nach einer Pause erteilt der Vorsitzende dem Staatsanwalt das Wort zum Plädoyer.

Ippolit Kirillowitsch glaubt aufrichtig an die Schuld des Angeklagten. Er attackiert zunächst die »morbide« russische Gesellschaft, ihren Zynismus und die sich neuerlich verstärkende Neigung zu Mord und Selbstmord. Im Bild der Familie Karamasow, so leitet er zum Prozeß über, seien Grundelemente der gegenwärtigen Gesellschaft festgehalten: Der unselige Vater ähnele vielen Vätern dieser Zeit. Der älteste Sohn sitze nun auf der Anklagebank. Der zweite, ein junger Mann von glänzender Bildung und starkem Verstand, glaube an gar nichts und habe obendrein den illegitimen Sohn des Alten, einen kränklichen Idioten, der gerade Selbstmord begangen habe, mit seinen Ideen angesteckt. Der jüngste Sohn sei noch ein Jüngling, gottesfürchtig und demütig, ganz im Gegensatz zu seinem atheistischen Bruder. Dann kommt der Redner auf den Angeklagten zu sprechen, dessen widersprüchliche Persönlichkeit am ehesten das gegenwärtige Rußland ausdrücke: Edelmütig und aufrichtig, sei er andererseits jähzornig und gewalttätig, immer dem Augenblicksgefühl leidenschaftlich ergeben. Der Zorn gegen den Vater und seine maßlose Eifersucht haben ihn zu dem Mord getrieben. Ein Mord mit Vorsatz! Man verfolge nur den Weg der vergeblichen Geldsuche des Angeklagten bis zum Haus des Vaters, den Stößel in der Tasche. Und er soll dann vom Fenster sittsam fortgeschlichen sein? Die Schuld dieses fast besinnungslos hastenden Menschen, der jede Selbstkontrolle verloren hat, tritt so deutlich hervor, daß jeder Zweifel ausgeschlossen scheint. Ippolit Kirillowitsch, der die neue, den europäischen Standards angepaßte russische Justiz vertritt, hat den Fall methodisch korrekt dargelegt, Fakten und Indizien zu einem scheinbar logischen und psychologischen Ganzen zusammengefügt. Das Publikum nimmt die Rede allerdings ohne Begeisterung auf. Man wartet gespannt auf die Antwort des Verteidigers.

Ein Justizirrtum. Die Rede des Verteidigers. Ohne Zweifel sei der Angeklagte, so beginnt Fetjukowitsch, ein unbeherrschter Mensch. Aber die hiesige Gesellschaft habe ihn doch, nebenbei gesagt, vor dem Mord bereitwillig empfangen. Selbst im Hause des Anklägers habe er eine freundliche Aufnahme gefunden! Außerdem versuche der Staatsanwalt, sicherlich ein feiner Psychologe, den Fall offensichtlich zu einem Roman auszuspinnen. Es gebe zwar eine Fülle von Indizien, aber keinen Beweis. Alle angeführten Fakten ließen sich auch ganz anders interpretieren. Die Psychologie sei eben ein ›Stock mit zwei Enden‹! Zum Beispiel: Warum läßt der Angeklagte und angebliche Mörder das Tatwerkzeug, den Stößel, an sichtbarer Stelle zurück? Warum bemüht er sich um den von ihm verletzten

Diener Grigori, obwohl er so rasch wie möglich hätte verschwinden sollen? Weil er den Vater eben *nicht* erschlagen hat. Punkt für Punkt widerlegt der Verteidiger die scheinbare Logik der Beweisführung und demontiert die »feine Psychologie« des Staatsanwalts. Fetjukowitsch entzaubert das kriminalistische Verfahren der systematischen Aufdeckung einer verborgenen Indizienkette. Als Täter kommt für ihn nur Smerdjakow in Frage. Er habe die Tat ausgeführt, als Dmitri schon fort war. Der Anwalt plädiert für die Unschuld seines Mandanten, fordert Freispruch und warnt vor einem Justizirrtum. Im Publikum bricht ein Sturm der Begeisterung los. Das letzte Wort hat der Angeklagte: »Meine Stunde hat geschlagen, ich fühle Gottes Hand über mir. Das Ende eines zügellosen Menschen ist gekommen. Den Mord aber habe ich nicht begangen. Laßt den Kelch an mir vorübergehen!« Doch das Urteil der Geschworenen lautet: Er ist schuldig.

EPILOG. Der Prozeß ist entschieden, das Schicksal der Brüder Karamasow noch keineswegs. Katerina Iwanowna hat es auf sich genommen, den kranken Iwan zu pflegen und ärztlich behandeln zu lassen. Eine Aussicht auf baldige Genesung gibt es jedoch noch nicht. Für Dmitri, der zu Zwangsarbeit in Sibirien verurteilt wurde, gibt es bereits Fluchtpläne. Er hat inzwischen einen Nervenzusammenbruch erlitten und befindet sich in der Gefangenenabteilung des städtischen Krankenhauses. Auch Aljoscha rät zur Flucht: »Du bist nicht bereit für Sibirien, und du brauchst dieses Kreuz auch nicht auf dich zu nehmen! Ich werde dich nie verurteilen! – Natürlich werde ich fliehen, unbedingt. Trotzdem verurteile ich mich dafür! Amerika wäre doch nur eine ›andere Verbannung‹. Ist Gruschenka etwa eine Amerikanerin?« Da erscheint Katja, und sie gestehen sich ihre einstige Liebe, die längst vorüber ist. Unerwartet tritt auch Gruschenka ins Zimmer. »Vergeben Sie mir, bittet Katja. – Rette ihn, und ich werde dich mein Leben lang anbeten!« Zu einer Versöhnung der Frauen kommt es nicht.

Nur der jüngste Karamasow ist unbeschädigt aus dem Familiendrama hervorgegangen und hat, wie man so sagt, das Leben noch vor sich. Aljoschas Auszug in die Welt beginnt mit einem Armenbegräbnis. Der kleine, blumengeschmückte Sarg des verstorbenen Iljuscha wird aus der Wohnung der Snegirjows zum Friedhof getragen, wo in einer alten, ärmlichen Kirche der Gottesdienst stattfindet. Der Tag ist still und klar bei nur leichtem Frost. Die Szenerie der Armut und der Verzweiflung weckt die Erinnerung an die Beerdigung des Studenten Pokrowski in Dostojewskis erstem Roman *Arme Leute*.

Aljoscha geht mit den Kindern einen Fußweg entlang bis zu dem großen Stein, den Iljuscha so geliebt hat, und hält ihnen eine Abschiedsrede: »Ich werde bald diese Stadt verlassen, aber wir wollen versprechen, einander nicht zu vergessen. Es gibt nichts, das höher und stärker wäre als eine gute Erinnerung aus der Kindheit, aus dem Elternhause.« – »Es lebe Karamasow!« ruft Kolja Krassotkin. »Und ›ewiges Andenken‹ dem toten Knaben«, sagt Aljoscha. »Bestimmt werden wir auferstehen und uns wiedersehen. Jetzt aber machen wir Schluß mit dem Reden und gehen zum Totenmahl. Es ist ein uralter Brauch unserer Väter!«

ANHANG

Von der Unberechenbarkeit des Menschen

Der französische Schriftsteller und Diplomat Vicomte Melchior de Vogüé, der Dostojewski 1878 in einem Petersburger Salon kennenlernte, beschreibt ihn in seinem Bestseller *Le roman russe* (1886): »Seine Gestalt erinnert an die Hauptszenen seiner Romane; wer sie je gesehen hat, kann sie nicht wieder vergessen. In welchem Maße drückte sie sein Werk, sein Leben aus! Klein, mager, äußerst nervös, verbraucht und niedergedrückt von sechzig Jahren Elend, erschien er eher verblichen als gealtert [...]. Niemals habe ich auf einem menschlichen Antlitz einen solchen Ausdruck angehäuften Leidens gesehen. Alle Krisen der Seele und des Körpers hatten dort ihre Spuren zurückgelassen. Hier konnte man noch mehr als selbst in seinen Büchern die Erinnerungen aus einem ›Totenhaus‹, lange Perioden von Furcht, Zweifel und Martyrium lesen [...]. Jedesmal, wenn er in Gesprächen über Ideen lebhaft oder ärgerlich wurde, hätte man schwören können, dies Gesicht schon einmal gesehen zu haben – sei es auf der Anklagebank des Geschworenengerichts oder unter jenen Landstreichern, deren Weg zum Gefängnistor führt. Zu allen anderen Zeiten war sein Gesicht voll von jener traurigen Sanftmut, die die alten Heiligen auf den Ikonen auszeichnet. Alles an diesem Mann kam vom Volk her, mit der unbeschreiblichen Mischung von Grobheit, Spitzfindigkeit und Freundlichkeit, die der russische Bauer so oft besitzt; etwas undefinierbar Beunruhigendes, das vielleicht von dem Ausdruck konzentrierter Gedankenarbeit auf dieser Maske eines Proletariers herrührte. Zuerst wirkte er oft abstoßend – bis seine eigenartige persönliche Faszination zu wirken begann.« Wie man sieht, fällt es schwer, den berühmten Romancier mit seiner unauffälligen und eher zurückhaltenden Person in Übereinstimmung zu bringen. Vogüés Vergleiche mit einem Bauern, einem Proletarier, einem kriminellen Landstreicher und einem Heiligen scheinen weit hergeholt, entsprechen aber den konventionellen Vorstellungen, die man sich damals von Rußland und den Russen machte. Zur Petersburger

Salongesellschaft mit ihrem betont europäischen Lebensstil gehörte er jedenfalls nicht.

Schon zu Lebzeiten ein Einzelgänger in der russischen Literatur, ist Dostojewski bis heute ein umstrittener, hochgeachteter, aber wenig geliebter Autor geblieben. Höchste Bewunderung vermischt sich mit krasser Ablehnung, die begeisterte Anerkennung des Schriftstellers häufig mit einer deutlichen Reserviertheit gegenüber seiner Person. Seine Biographie mit ihren katastrophalen Umbrüchen und Wendepunkten wirkt ebenso beunruhigend wie seine mit effektvollen Mord- und Skandalgeschichten angefüllten Romane. In der literarischen und philosophischen Wirkungsgeschichte seines Werkes kommt es zu zwiespältigen Urteilen und offenen Verurteilungen: Dostojewski sei »schwer lesbar« (Meier-Graefe), sein Werk enthalte »Wüsteneien literarischer Plattheiten« (Nabokov) und entbehre jeder künstlerischen Form (Nikolai Berdjajew). Thomas Mann vergleicht ihn mit Nietzsche und läßt bei aller Ehrfurcht seine Distanz in metaphorischer Umschreibung durchblicken: »Meine Scheu, eine tiefe, mystische, zum Schweigen anhaltende Scheu, beginnt vor der religiösen Größe der Verfluchten, vor dem Genie als Krankheit und der Krankheit als Genie, vor dem Typus des Heimgesuchten und Besessenen, in welchem der Heilige und der Verbrecher *eines* werden.« Sigmund Freud hielt *Die Brüder Karamasow* für den »großartigsten Roman, der je geschrieben wurde«, und die Episode des Großinquisitors für eine »Höchstleistung der Weltliteratur«, gesteht aber, daß er den Neurotiker Dostojewski nicht sonderlich liebe.

Eine wesentliche Ursache für diese zwiespältige Wirkung auf die europäische Nachwelt lag offenbar darin, daß die Kritiker davon ausgingen, der Stil eines Schriftstellers sei Ausdruck seiner Persönlichkeit und man könne die literarischen Figuren in der Regel als eine Art Doppelgänger des Autors enttarnen. Insofern war man enttäuscht von der auf den ersten Blick nicht leicht zu durchschauenden Stilistik Dostojewskis und sah sich, was seine Figuren betraf, einer Reihe schwankender Gestalten gegenüber, Außenseitern der Gesellschaft, psychisch gestörten Mördern, Masochisten oder hellsichtigen Toren. Unter einem solchen Blickwinkel konnte die Rekonstruktion der Persönlichkeit des Autors in der Regel nicht sehr schmeichelhaft ausfallen. Inzwischen weiß man, daß die Romane stilistisch überaus komplex durchorganisiert sind, so daß direkte

Rückschlüsse auf die Seelenverfassung des Verfassers nicht ohne weiteres zulässig sind.

Auch in bezug auf die literarische Einordnung seines Werks gibt es mehr Fragen als Antworten: Ist er ein phantastischer Realist? Gehören seine Romane nicht eigentlich zur Gattung des Dramas? Vielleicht ist er mit den Kriminalsujets nur ein typischer Trivialschriftsteller, wofür die häufigen Anleihen bei zweitrangigen Modeautoren sprechen. Oder handelt es sich um eine Tendenzliteratur, in der er sich zunächst für die sozial Erniedrigten und Beleidigten engagiert, dann die zeitgenössische sozialistische Bewegung attackiert und schließlich Panslawismus und orthodoxes Christentum predigt? Vieles davon mag zutreffen, wenn auch immer nur partiell. Tatsächlich entspricht die Offenheit und Mehrdeutigkeit seiner Texte nur wenig der zeitgenössischen Romanliteratur.

Mit seinen Themen und Motiven gehört Dostojewski an das Ende der romantisch-realistischen Literatur des 19. Jahrhunderts. In der Mehrzahl sind seine Romane Prätexte der Moderne. Damit steht er als Autor zwischen den Epochen. Er ist kein Zentralgestirn oder klassischer Nationalautor wie Voltaire, Goethe oder Tolstoi, sondern eher vergleichbar mit Rousseau oder Schiller. Zudem ist er ein Kind seiner Zeit, einer europäischen Übergangszeit, die er aus russischer Perspektive in seinem Werk darstellt. Wie aber sind Übergänge im Leben und im Bewußtsein der Gesellschaft literarisch darstellbar? Dieses Problem bewegte ihn sein Leben lang. »Wollte man vernünftig erzählen«, schreibt er im Dezember 1868 aus Genf, »was wir alle, wir Russen, in den letzten zehn Jahren unserer geistigen Entwicklung erlebt haben – wie würden die Realisten schreien, es sei reine Phantasie!« Später, im *Tagebuch eines Schriftstellers*, äußert er sich noch einmal über den nach seiner Meinung kritischen Zustand der russischen Gesellschaft: »Wer vermag auch nur im entferntesten die Gesetze dieses Zerfalls und des Neuaufbaus zu bestimmen und auszudrücken? Und wenn sich in diesem Chaos kein normales Gesetz und kein Leitfaden finden läßt, selbst von einem Künstler Shakespeareschen Ranges nicht, wer wird wenigstens einen Teil dieses Chaos erhellen, selbst wenn er von einem Leitfaden nicht einmal träumen darf?« In einem Gespräch mit seinem Schriftstellerkollegen Gontscharow verteidigt er vehement das Recht, seine Stoffe und Themen der fließenden Gegenwart zu entnehmen, auch wenn diese keine zuverlässige Deutung zuläßt.

Dostojewski erlebt die Umwandlung Petersburgs aus einer von der Adelskultur des 18. Jahrhunderts geprägten Residenzstadt in eine moderne Metropole mit ihren sozialen Problemen – Armut und Elend, Alkoholismus, Prostitution, Kriminalität. Er durchlebt diese Entwicklung ungeschützt, am Rande des Existenzminimums. Als er 1844 seine Stellung als technischer Zeichner im Petersburger Kriegsministerium kündigt, um Schriftsteller zu werden, ist er völlig mittellos. Im Gegensatz zu Tolstoi oder Turgenjew verfügt er weder über eine noble Herkunft noch über einen reichen Landbesitz. Was er hinter sich läßt, ist eine armselige Kindheit und Jugend: die Eltern früh gestorben, das geringfügige Erbe rasch aufgebraucht, ein Studium an der Ingenieurschule der Petersburger Militärakademie und eine Anstellung als technischer Zeichner. Nach der Aufgabe seines Berufs übersetzt er, um zu überleben, aus dem Französischen: Balzac, George Sand. In schwärmerischer Begeisterung entwirft er romantisch-historische Dramen und plant zusammen mit seinem Bruder Michail eine russische Schiller-Ausgabe. Tag und Nacht sitzt er am Schreibtisch und legt die Feder nur beiseite, um ein Buch in die Hand zu nehmen – ein Literat reinsten Wassers, ohne feste Bindungen an seine Umgebung. Anfangs fühlt er sich als romantischer Träumer und Idealist: »Ich liebe Geheimnisse über alles. Ich bin ein Phantast und Mystiker und bekenne, daß Petersburg, ich weiß nicht, warum, stets etwas Geheimnisvolles hat.« An einem Winterabend gleiche die Stadt »einem phantastischen, zauberähnlichen Traum, der jeden Augenblick verschwinden und sich als Dunst zum dunkelblauen Himmel emporheben würde«. Doch die Traumwelt verflüchtigt sich, die Begeisterung für Schiller weicht Bildern des Alltags. Er erblickt plötzlich »eigenartige, völlig poesielose Gestalten, keinen Don Carlos oder Posa, sondern richtige und auch phantastische Titularräte«.

Sein literarisches Debüt, der Briefroman *Arme Leute* (1846), bringt ihm einen überwältigenden Anfangserfolg: »ich glaube, mein Ruhm wird niemals wieder einen solchen Höhepunkt erreichen«. Die Anerkennung beruht zum Teil auf einem Mißverständnis. Man liest den Roman vor allem als bittere Sozialkritik. Schon die nachfolgende Erzählung *Der Doppelgänger*, die phantastische Geschichte einer Persönlichkeitsspaltung, irritiert die Kritik und wird vom Leser zunächst eher ablehnend aufgenommen.

Inzwischen diskutiert man in privaten Petersburger Studier- und Lesezirkeln die Schriften von Proudhon, Cabet, Fourier und Robert Owen. Man erregt sich über das Unrecht der Leibeigenschaft und erörtert sozialistische Alternativen zum unbefriedigenden gesellschaftlichen Status quo. Ab 1847 besucht Dostojewski die Freitagsversammlungen bei Michail Petraschewski, einem jungen Gutsbesitzer und Beamten des Innenministeriums. Der politisch eher harmlose Zirkel fliegt 1848 auf, und die Teilnehmer werden angeklagt, einen Umsturz geplant zu haben. Die verhängte Todesstrafe wird in langjährige Festungshaft und Verbannung umgewandelt. Dostojewski verbringt vier Jahre in der Festung Omsk. Die Haft wird für ihn zu einem Schockerlebnis mit Langzeitwirkung. Man stelle sich vor: Der erfolgreiche junge Schriftsteller wird aus Petersburg nach Sibirien in die Anonymität des Strafvollzugs geschickt. Sicher nicht zufällig diagnostizieren die Ärzte hier erstmals seine epileptische Erkrankung. Was ihn besonders bedrückt, ist das enge Zusammenleben mit den Sträflingen sowie die Trennung von Buch und Schreibfeder. Aber er beklagt sich nicht über das Urteil. Im Gegenteil: In Omsk wandelt sich sein Weltbild – durch die unmittelbare Begegnung mit dem Volk, wird er später schreiben. Theoretische Konzepte zur Weltveränderung sind ihm seither suspekt. Nach der Freilassung als einfacher Soldat nach Semipalatinsk versetzt und später zum Offizier befördert, geht er eine erste, keineswegs glückliche Ehe ein.

Als er 1859 aus gesundheitlichen Gründen nach Petersburg zurückkehren darf, hat sich in der Hauptstadt nach dem verlorenen Krimkrieg und dem Thronwechsel vieles verändert. Unter Alexander II. wird 1861 die Leibeigenschaft abgeschafft. Reformstimmung kommt auf. Die Zensurbedingungen werden gelockert, und Dostojewski stürzt sich in den Literaturbetrieb, ediert eigene Journale, mischt sich als Publizist und Kritiker in die öffentlichen Debatten, engagiert sich für Meinungsfreiheit und Volksaufklärung. Seine Idee der *Bodenständigkeit* soll im Reformprozeß einer nationalen Versöhnung zwischen Volk und Oberschicht dienen. Neue Werke werden veröffentlicht: *Das Gut Stepantschikowo* (1859), *Erniedrigte und Beleidigte* und die *Aufzeichnungen aus einem Totenhaus* (1861).

Dann überschlagen sich die Ereignisse. Auf mehreren Auslandsreisen entdeckt Dostojewski in Europa seine Spielleidenschaft und durchlebt eine unglückliche Liebesaffäre. Die von ihm und seinem

Bruder Michail herausgegebenen Zeitschriften müssen aus politischen oder finanziellen Gründen ihr Erscheinen einstellen. 1864 stirbt seine Frau und sein Bruder. Selbst hoffnungslos verschuldet, übernimmt er auch noch die Schuldenlast der Verwandtschaft. »Und so war ich plötzlich allein gelassen«, schreibt er einem langjährigen Freund, »und mir war einfach schrecklich zumute. Mein ganzes Leben zerbrach mit einemmal in zwei Teile. In der einen Hälfte, die ich hinter mir hatte, befand sich alles, wofür ich gelebt hatte, in der anderen, noch unbekannten Hälfte aber war alles fremd und neu.«

Symptomatisch für diesen Tiefpunkt seines Lebens ist eine riskante Übereinkunft mit dem Kaufmann und Verleger Stellowski: Um seine Schulden zu bezahlen, unterschreibt Dostojewski am 1. Juli 1865 einen Vertrag, der Stellowski für 3000 Rubel die Rechte einer Werkausgabe gewährt und den Autor verpflichtet, die Ausgabe durch einen neuen Roman zu ergänzen, lieferbar zum 1. November 1866. Bei Nichteinhaltung ist Stellowski berechtigt, ohne finanzielle Gegenleistung alle bisherigen und künftigen Werke des Autors zu publizieren. Von dem gewährten Vorschuß bezahlt Dostojewski seine Gläubiger und fährt im Juli 1865 erneut ins Ausland, nach Wiesbaden, wo er den Rest des Geldes beim Roulette verspielt.

In dieser wie ein Erdrutsch über ihn hereinbrechenden Krise zeichnen sich in seinem Autorenbewußtsein die weltanschaulichen und stilistischen Leitlinien ab, denen er in den künftigen großen Romanen folgen wird: seine Fundamentalkritik an der in Europa sich entwickelnden bürgerlichen Gesellschaft und ihrer Moral (*Winteraufzeichnungen über Sommereindrücke*) sowie die Neigung zu vertiefter Seelenanalyse (*Aufzeichnungen aus dem Untergrund*). Der Erzähler als oberste Deutungsinstanz wird weitgehend suspendiert, und die Beurteilung des Geschehens bleibt den Figuren überlassen, ein Verfahren, das vielfältige Perspektiven auf das jeweilige Handlungsgeschehen bedingt und die dargestellte Wirklichkeit chaotisch erscheinen läßt. Aufklärerische Ambitionen, wie er sie noch kurz zuvor mit seinem journalistischen Engagement gehegt hatte, treten zurück. Seine Überlegungen laufen jetzt darauf hinaus, daß jede Berechnung des menschlichen Lebens in den Kategorien der Vernunft, der Normalität und des Realismus (»Der Realismus entspricht dem Verstand der Masse«) eine Konstruktion darstellt, die der Verschleierung unseres in Wahrheit unberechenbaren, ja ekstatischen Wesens dient. Aushalten läßt sich das labile menschliche Wesen nur durch die Annahme eines metaphysischen bzw. religiösen Haltepunkts, den Entwurf eines »Ideals«.

In Wiesbaden kommt ihm die Idee zu »Schuld und Sühne«, einem Roman, der ihn weltberühmt machen wird. Aber bis zum Sommer 1866 hat er noch keine Zeile für Stellowski geschrieben. Am 4. Oktober stellt sich die Stenografin Anna Grigorjewna Snitkina bei ihm vor. Ihr diktiert Dostojewski in 26 Tagen den Roman *Der Spieler* und erfüllt damit seine Verpflichtung. Schon wenige Monate später heiratet er Anna Grigorjewna und fährt Mitte April 1867 mit seiner inzwischen schwangeren Frau erneut ins Ausland.

Die folgenden Jahre in Europa bringen kaum Erleichterung. Die Spielverluste im Casino von Baden-Baden fügen den alten Schulden neue hinzu. Zum Schreiben kommt er kaum. Ständig muß Geld beschafft werden, mitunter für das Nötigste. Im August 1867 fährt das Ehepaar über Basel nach Genf, wo er am Roman *Der Idiot* arbeitet. Im Herbst geht die Reise weiter nach Italien, zunächst über Mailand nach Florenz. Nachdem das letzte Kapitel im Januar 1869 an den »Russischen Boten« abgeschickt ist, geht es weiter über Venedig nach Bologna, im Juli 1869 über Triest, Prag und Wien nach Dresden.

Dostojewski entfremdet sich nicht nur Rußland, er findet auch keinen Anschluß an die im Ausland weilenden russischen Emigranten, Schriftsteller und Revolutionäre: »Es war schlimm, klar und deutlich zu empfinden, daß es nun *einerlei* ist, wo ich lebe, ob in Dresden oder anderswo, überall ist fremdes Land, überall bin ich ein losgetrenntes Glied.« Sein Interesse gilt jetzt weniger der europäischen Gegenwart als der Architektur und Malerei der Renaissance und des Barock. Wie viele seiner Landsleute spricht er vom »alten Europa« als dem gemeinsamen kulturellen Gedächtnis, das auch die Russen als ihre »Heimat« empfinden. Ihn beeindrucken einzelne Gemälde in den Galerien von Basel (Holbeins *Christus im Grabe*), Bologna (Raffaels *Heilige Cäcilie*) und Dresden (Lorrains *Acis und Galatea* und Raffaels *Sixtinische Madonna*), Bilder, die in seinen Romanen eine tiefgehende symbolische Bedeutung gewinnen.

In Dresden erfährt er im November 1869 aus den Zeitungen eine Sensation: Der russische Anarchist Sergej Netschajew hat in Moskau ein Mitglied seiner revolutionären Zelle »Komitee der Volksrache« ermorden lassen. Der Vorfall und der anschließende Prozeß in

Petersburg beschäftigen die internationale Presse. In diesem Mordfall glaubt Dostojewski das zentrale Thema seiner Zeit gefunden zu haben, den Zusammenhang zwischen den Ideen des Sozialismus, dem revolutionären Terrorismus und der bürgerlichen Weltanschauung. Ähnlich schätzt zur selben Zeit auch Marx den Fall ein. Im Februar 1870 beginnt die Arbeit an dem Roman *Die Dämonen*.

Der Wirklichkeitsbezug seiner Werke ist ein besonderer. Nach der Verbannung rehabilitiert sich Dostojewski als Autor vor allem mit dem dokumentarischen Roman *Aufzeichnungen aus einem Totenhaus*, der seine Festungszeit in Omsk schildert (»Mein *Totenhaus* macht buchstäblich Furore, und ich erneuerte mit ihm meinen literarischen Ruf«). Im Essay *Winteraufzeichnungen über Sommereindrücke* verarbeitet er seine erste Europareise. Es geht ihm aber gar nicht um die Realitäten von Omsk, Paris oder London. Er ist kein Epiker, der erzählt, was geschehen ist. Beschreibende Objektivität ist seine Sache nicht. Wesentlich sind für ihn die Formen, in denen das Erlebte wahrgenommen und gedanklich reflektiert wird: »›Man muß die Wirklichkeit so darstellen, wie sie ist‹, sagen sie (die Realisten – K. S.), obwohl es eine solche Wirklichkeit gar nicht gibt; denn das Wesen der Dinge ist dem Menschen unzugänglich, er erfaßt die Natur nur insoweit, wie sie sich in seiner Idee spiegelt, nachdem sie durch seine Gefühle gegangen ist.« Jede Wahrnehmung ist emotional gefärbt. Der unverstellte Blick auf die Wirklichkeit bleibt letztlich Illusion. Schon im sozialen Rollenspiel ergeben sich unterschiedlichste Perspektiven. In seinem Leben als Beamter, Strafgefangener und Europatourist hat er seine Individualität wiederholt an unsichtbare Spielregeln, Verhaltensweisen und sprachliche Klischees abgeben müssen und dabei bemerkt, daß er seine Unbefangenheit im Verhältnis zur Außenwelt aufgibt. Durch die Brechung und Spiegelung in den unterschiedlichen Wahrnehmungshorizonten nimmt das Bild der Welt einen unsicheren Scheincharakter an. Dostojewskis Romanfiguren erleben die Welt häufig als »traumhaft«, »phantastisch« oder »unwahrscheinlich«. Ihre defekte Rede und ihr schlechter Stil drücken die Befangenheit des sprachlichen Bewußtseins bei der subjektiv getrübten Wiedergabe ihrer Erlebnisse aus.

Wie kann man die Welt erkennen, wenn man nicht einmal weiß, wer man selber ist? Diese Frage überträgt Dostojewski auf den Ich-

Erzähler der *Aufzeichnungen aus dem Untergrund*, der (1864) in der Einsamkeit seiner Petersburger Kellerwohnung versucht, sich als ein unverwechselbarer Jemand mit entsprechenden Eigenschaften zu definieren. Doch er findet weder in sich noch außerhalb seiner einen sicheren Anhaltspunkt. Darüber verärgert, verwirft er spontan alle Wissenschaften, die Ästhetik des »Schönen und Erhabenen« sowie alle rationalen Theorien der Weltverbesserung und bestreitet schließlich jede Möglichkeit, das Leben »auf vernünftiger Grundlage« einzurichten. Auch die griffige europäische Identitätsformel »Ich denke, also bin ich« bietet keinen Halt. Während das soziale Rollenspiel unweigerlich das Bewußtsein deformiert, führt andererseits eine solipsistische Verweigerungstaktik, der Rückzug in die Isolation, in den Abgrund unendlicher Reflexion, in deren Tiefe die Versuchung des Bösen lauert – Aggression, Verbrechen und Perversität, Gewalt- und Machtphantasien aller Art. Das an der Welt und sich selbst leidende Bewußtsein bleibt gefangen im Horizont einer höchst instabilen Realität, aus der es scheinbar kein Entrinnen gibt.

Im Februar 1887 schreibt Nietzsche an Franz Overbeck: »Von Dostojewski wußte ich vor wenigen Wochen auch selbst den Namen nicht [...]. Ein zufälliger Griff in einem Buchladen brachte mir das eben ins Französische übersetzte Werk *L'esprit souterrain* unter die Augen [...]. Der Instinkt der Verwandtschaft (oder wie soll ich's nennen?) sprach sofort, meine Freude war außerordentlich.« Was Nietzsche an Dostojewski interessiert, ist die psychologische Darstellung absoluter Entwurzelung. Ihn fasziniert das »Totenhaus« als »eines der menschlichsten Bücher, die es gibt«, weil darin der Verbrecher als »Typus des starken Menschen unter ungünstigen Bedingungen« geschildert wird. Und er spürt eine innere Verwandtschaft mit dem Erzähler im »Untergrund«, vor allem mit dessen, wie er meint, schrecklicher Verhöhnung des klassischen ›Erkenne dich selbst‹. Die Nähe zu Dostojewski ist jedoch nur eine scheinbare. Sie betrifft die diagnostische, nicht die therapeutische Seite der Beurteilung des Menschen.

In *Schuld und Sühne* überschreitet Dostojewski die Grenze seines bisherigen Schaffens in eine neue Richtung. Das Sujet wird erweitert. Standen seine Helden bislang den »Anderen« zumeist allein gegenüber, so erleben wir jetzt ein differenziertes Figurenensemble und eine verzweigte Handlung. Zum erstenmal steht ein Mordfall im

Mittelpunkt der Handlung. Neu ist auch die weltanschauliche Antithetik: »Mordidee« und »christlich-orthodoxe Anschauung«, das »irdische Gesetz« und »Gottes Wahrheit«, so betont der Autor in einem Brief an den Verleger, ergeben das Spannungsgerüst des Romans. Dem atheistischen Mörder Raskolnikow begegnet die gläubige Sonja Marmeladowa. Die innerweltliche Identitätssuche, die den Untergrundmenschen in die Irre führt, wird durch christliche Gegenargumente aufgefangen und umgelenkt.

Dostojewskis Verhältnis zum Glauben ist zwiespältig. Bis ins hohe Alter wird er von Zweifeln geplagt. Doch es gibt für die Einführung einer religiösen Dimension in die Romanstruktur auch außerliterarische Gründe. Um die Mitte der 1860er Jahre geht das Reformzeitalter, das 1861 mit der Aufhebung der Leibeigenschaft begonnen hatte, zu Ende. Im Prozeß der Ablösung von der Ständegesellschaft verwandelt sich Rußland mit Hilfe ausländischer Investitionen in ein »Treibhaus des Kapitalismus«. Während sich in den Hauptstädten eine neue wohlhabende und liberal denkende Oberschicht etabliert, verarmen große Teile der Bevölkerung in der Provinz und auf dem Land. Zudem entwickelt sich ein innenpolitischer Kleinkrieg zwischen Zarenregierung und revolutionärer Bewegung. Als 1866 *Schuld und Sühne* erscheint, findet das erste Attentat auf Alexander II. statt.

Das orthodoxe Christentum verliert seit Peter I. an Einfluß in der Gesellschaft und gerät in die Niederungen der Weltanschauungskämpfe. Die offizielle Politik versucht die schwindende Autorität der Religion durch eine Wiederbelebung der traditionsreichen Allianz von Kirche und Staat zu kompensieren. Da die orthodoxe Theologie jede Stellungnahme zu weltlichen Belangen eher vermeidet, besetzen Presse und Literatur das Feld religiöser Argumentation: im Streit zwischen Slawophilen und Westlern, zwischen Monarchisten und revolutionären Atheisten, deren materielle Glücksversprechungen wiederum quasi-religiöse Züge annehmen. Dostojewski thematisiert die eigentümliche Vermischung der religiösen Debatten mit den Ideen sozialer Gerechtigkeit einerseits und mit ungezügelten politisch-konservativen Machtphantasien andererseits. Für ihn hat die russische Rechtgläubigkeit – nicht in ihrer kirchlichen Realität, sondern in ihrer geistigen Potenz – eine nationale Überbrückungsfunktion: Sie verbindet Zar und Volk, den einzelnen mit der Gemeinschaft, darüber hinaus alle slawischen Völker, und sie schützt Rußland vor dem Katholizismus und der westlichen Zivilisation. Seine Bezugsfigur ist der leidende und barmherzige Christus, nicht als dogmatische Prämisse oder klerikales Machtsymbol, sondern als metaphysische Gegebenheit und zugleich als Flucht- und Haltepunkt im menschlichen Bewußtsein. Ohne Christus und die Idee der Unsterblichkeit bleibt der Mensch eine »transitorische Erscheinung«, dessen »fließende« Existenz sich letztlich im Nichts verliert. Doch ein Zusammenhang zwischen metaphysischer Gewißheit und schwankendem menschlichem Bewußtsein kann nur über die Erfahrung des persönlichen Glaubens hergestellt werden.

Seit *Schuld und Sühne* erprobt Dostojewski in seinen Romanen die Darstellbarkeit des christlichen Glaubens im Sinne einer glaubhaften Vergegenwärtigung idealen Menschseins. Dabei weiß er natürlich, daß sich der Glaube allenfalls in der Seele gnadenhaft ereignet und in der Gesellschaft weder kommuniziert noch gar verordnet werden kann. Die Einführung eines christlichen Lebensideals in die durchweg am aktuellen Zeitgeschehen ausgerichtete Romanwelt ist daher riskant. Allen seinen gläubigen Figuren merkt man an, daß sie ihren Glauben zwar leben, aber nicht mitteilen können. In ihrer Beziehung zur Realwelt wirken sie blaß, naiv, lächerlich, mitunter idiotisch. Dagegen leben seine atheistischen Hauptfiguren ihre Leidenschaften und Triebe aus, werden schuldig, verwickeln sich, von Selbstzweifeln gequält, in Widersprüche, denen sie häufig nur durch Selbstmord entkommen. Doch ganz gleich, auf welcher Seite sie sich befinden, Dostojewskis Protagonisten denken und handeln stets an einer Grenze, im Zwiespalt zwischen pro und contra, Glauben und Atheismus. Eindeutige Anweisungen zum seligen Leben gibt es nicht. Selbst Christus ist beileibe keine feststehende Größe. »Wenn mir jemand bewiese«, so schreibt er 1854, »daß Christus jenseits der Wahrheit sei und tatsächlich die Wahrheit außerhalb von Christus wäre, dann würde ich eher bei Christus bleiben als bei der Wahrheit.« Das rationale Realitätsdenken wird suspendiert zugunsten der bloßen Möglichkeit, sich das religiöse Ideal vorzustellen und ihm nachzustreben. Was seine gläubigen Figuren bei all ihrer Blässe und Naivität den leidenschaftlichen und problematischen Charakteren voraushaben, ist eine geradezu mystische Einsicht in den Weltzusammenhang, ihre verblüffende Intuition, mit der sie jede Lüge und Intrige durchschauen, ihre psychologische Befähigung, dem »Anderen« in die Seele zu schauen.

Der Dualismus von Glauben und Unglauben im Bewußtsein der Hauptfiguren erweist sich als ein Verfahren, mit dessen Hilfe Dostojewski das Zeitalter der Modernität zu veranschaulichen sucht: eine Epoche der zunehmenden Ambivalenz unserer Weltanschauung, in der »jedes Ding schwanger mit seinem Gegenteil scheint« (Marx) und der Mensch auf der Suche nach Entlastung, Bequemlichkeit und Sicherheit sich nicht ohne einen gewissen resignativen Zynismus manipulieren läßt.

Nach der Rückkehr aus dem Ausland 1871 gehört Dostojewskis unstetes Leben der Vergangenheit an. Der Spielleidenschaft hat er entsagt, und mit seiner wesentlich jüngeren Frau, die jetzt auch seine Finanzen erfolgreich regelt, führt er eine glückliche Ehe. Die Familie mietet für den Sommer ein Haus in Staraja Russa bei Petersburg. Zu den wenigen Freunden gehören der Religionsphilosoph Wladimir Solowjow und trotz gewisser Meinungsverschiedenheiten auch Konstantin Pobedonoszew, der Oberprokuror des Heiligen Synod. Im *Tagebuch eines Schriftstellers*, das ab 1873 als selbständige Ein-Mann-Zeitschrift erscheint, läßt er seinen nationalistischen und panslawistischen Ansichten, häufig in Verbindung mit antisemitischen Ausfällen, freien Lauf und spricht sogar von einer russischen Besetzung Konstantinopels, das künftig die Hauptstadt aller Slawen sein soll. Zugleich kritisiert er schonungslos die Bewegungslosigkeit der russischen Gesellschaft und äußert seine Sorge über die revolutionäre Stimmung in der jungen Generation, die er nicht verurteilt, sondern verstehen möchte.

Eine Freundschaft unter Schriftstellerkollegen kommt nicht zustande. Im Gegenteil. Die Prosa von Turgenjew und Tolstoi hält er für anachronistische »Gutsbesitzerliteratur«, die das exklusive Familienleben der höheren Mittelklasse darstellt und bald einem »neuen Wort« in der Literatur weichen wird. Was ihn als Autor vor allem auszeichnet, ist nicht der kritische Blick des Realisten auf die im übrigen als naturhaft und unabänderlich aufgefaßten Zustände der Gesellschaft, sondern das grundsätzliche Infragestellen der Wirklichkeit, ihre Betrachtung als vergängliche Größe unter dem Aspekt der sich rasch verändernden Formen ihrer Wahrnehmung. Zurecht finden kann sich der Mensch in der Welt nur im festen Glauben an das (christliche) Ideal und die Chance seiner künftigen Verwirklichung.

So erlangen gemäß seiner »russischen Idee« auch Rußland und das russische Volk – in ihrer empirischen Wirklichkeit für Dostojewski alles andere als vorbildhaft – ihre heilsgeschichtliche Bedeutung für die Welt erst in der Zukunft.

Der letzte große Roman, *Die Brüder Karamasow* (1881), demonstriert noch einmal die Doppelwelt als Konstruktionsprinzip: Neben der handfesten Mordgeschichte, die sich in einem Provinznest abspielt, entwirft der Autor die Idealgestalt des Geistlichen Sossima. Die Handlung will er als »Gotteslästerung und ihre Widerlegung« aufgefaßt wissen. Das kontrapunktische Zusammenspiel von Immanenz und Transzendenz, das sich vielfältig im Figurenbewußtsein bricht, erzeugt die für den Autor charakteristische Atmosphäre unauflösbarer Mehrdeutigkeit des Geschehens. Eine sinnstiftende Funktion übernehmen, wie so häufig in Dostojewskis Romanen, eng miteinander vernetzte Träume, Traktate und Gleichnisse. Die eingeschobene Legende vom »Großinquisitor« kann als eine Art Quintessenz des Romans wie des Gesamtwerks gelten. In einem rhetorisch brillanten Monolog rechtfertigt der Inquisitor die Macht der Kirche gegen die individuelle Freiheit des Gewissens und erklärt den Religionsstifter Christus für gescheitert. Christus aber antwortet »nur« mit einer stummen Geste. Peter Sloterdijk hat die »Legende« in die Geschichte des modernen Denkens gestellt und den Text als ein visionäres Gleichnis und eine universale »Abrechnung der Anthropologie mit der Theologie, der Verwaltung mit der Emanzipation, der Institution mit dem Individuum« charakterisiert.

Letzter Höhepunkt in Dostojewskis Lebens ist seine Rede zur Einweihung des Puschkin-Denkmals in Moskau am 8. Juni 1880, in der er zur Versöhnung aller europäischen Gegensätze in der russischen Seele nach dem Gesetz des Evangeliums aufruft. Nach Aussagen von Zeitgenossen war die Zuhörerschaft sehr beeindruckt, wenn auch nur für den Augenblick. Wenig später wird Zar Alexander II. durch ein Bombenattentat der Terrororganisation »Volkes Wille« getötet. Dostojewski ist kurz vor dem Attentat gestorben.

Chronik

1821 Fjodor Michailowitsch Dostojewski wird am 30. Oktober als Sohn des Armenarztes Michail Andrejewitsch Dostojewski und seiner Frau Maria Fjodorowna geb. Netschajewa in Moskau geboren. In der Kindheit Hausunterricht, private Internatsschule.

1837 Tod der Mutter. Mit seinem Bruder Michail übersiedelt Dostojewski nach St. Petersburg, um sich auf das Studium vorzubereiten.

1838–1843 Besuch der Ingenieurschule der Militärakademie in St. Petersburg. Erste literarische Versuche.

1839 Ermordung des Vaters auf seinem 1834 gekauften Landgut durch leibeigene Bauern.

1843 Abschluß des Studiums mit Offizierspatent. Technischer Zeichner im Kriegsministerium. Übersetzung von Balzacs *Eugénie Grandet*.

1844 Dostojewski gibt seine Stellung auf, um freier Schriftsteller zu werden; Beginn der Arbeit am Roman *Arme Leute*.

1845 Bekanntschaft mit Iwan Turgenjew, dem Dichter Nikolai Nekrassow und dem Kritiker Wissarion Belinski.

1846–1847 Der erste Roman *Arme Leute* wird ein Publikumserfolg. *Der Doppelgänger* und weitere Erzählungen erscheinen. Erste Kontakte zum Petraschewski-Kreis. Dostojewski liest Fourier, Cabet, Helvétius, Saint-Simon.

1848 Frühe Erzählungen, darunter *Weiße Nächte* und *Ein schwaches Herz.*

1849 Verhaftung wegen angeblich staatsfeindlicher Aktivitäten im Petraschewski-Kreis, zum Tode verurteilt, von Nikolaus I. begnadigt zu vier Jahren Zwangsarbeit und vier Jahren Militärdienst in Sibirien als »gemeiner Soldat«.

1850–Mitte Februar 1854 Festungshaft in Omsk (Sibirien). Erste schwere epileptische Anfälle.

1854–1856 Soldat in einem Linienbataillon in Semipalatinsk. Arbeit an den *Aufzeichnungen aus einem Totenhaus*. 1856 Beförderung zum Offizier.

1857 Eheschließung mit Marja Dmitrijewna Issajewa (6. Februar).

1859 Entlassung aus der Armee aus gesundheitlichen Gründen; Rückkehr nach St. Petersburg; unter polizeilicher Aufsicht; *Onkelchens Traum* und *Das Gut Stepantschikowo und seine Bewohner*.

1860 Erste Werkausgabe in zwei Bänden. Gründung der Zeitschrift *Die Zeit* gemeinsam mit dem Bruder Michail und den Kritikern Nikolai Strachow und Apollon Grigorjew.

1861 In der *Zeit* beginnt der Abdruck von *Erniedrigte und Beleidigte*; Erscheinen der *Aufzeichnungen aus einem Totenhaus*.

1862 Erste Europareise: Berlin, Dresden, Köln, Paris, Besuch der Weltausstellung in London, Genf, Italien und über Wien zurück nach Rußland (Juni–September).

1863 Zweite Europareise (August–Ende Oktober), teilweise mit Apollinaria (Polina) Suslowa, einer Frauenrechtlerin und Mitarbeiterin der *Zeit*. Dostojewski entdeckt in Baden-Baden und Bad Homburg seine Spielleidenschaft. In der *Zeit* erscheinen *Winterliche Aufzeichnungen über Sommereindrücke*; Verbot der *Zeit* wegen eines »antipatriotischen« Artikels.

1864 Erscheinen der von den Brüdern Dostojewski edierten neuen Zeitschrift *Die Epoche*. Tod der ersten Frau Dostojewskis und seines Bruders Michail. In der *Epoche* erscheinen die *Aufzeichnungen aus dem Untergrund*.

1865 Die Herausgabe der *Epoche* wird aus finanziellen Gründen eingestellt. Dritte Auslandsreise (Juli – Oktober), Spielverluste in Wiesbaden; erste Entwürfe zu *Schuld und Sühne*.

1866 Dostojewski diktiert einer jungen Stenographin, Anna Grigorjewna Snitkina, in 26 Tagen den Roman *Der Spieler* (Oktober). *Schuld und Sühne* erscheint.

1867 Eheschließung mit Anna Snitkina. Wegen hoher Verschuldung reist Dostojewski mit seiner Frau nahezu fluchtartig ins Ausland. Zerwürfnis mit Turgenjew, den er in Baden-Baden besucht. *Der Spieler* erscheint. Im Baseler Kunstmuseum beeindruckt ihn das Gemälde *Christus im Grabe* von Hans Holbein; in Genf erste Entwürfe zum Roman *Der Idiot* (Oktober).

1868 In der konservativen Zeitschrift *Der russische Bote*, herausgegeben von Michail Katkow, beginnt der Abdruck des Romans *Der Idiot*. Übersiedlung von Genf nach Vevey, Ausreise nach Italien: Mailand und Florenz (September). Geburt und Tod der Tochter Sonja in Genf.

1869 Zu Beginn des Jahres Abschluß und Veröffentlichung des Romans *Der Idiot*. Die Dostojewskis verlassen Italien und reisen über Prag nach Dresden. Entwürfe zu einem Romanzyklus mit dem Titel *Das Leben eines großen Sünders*. Geburt der Tochter Ljubow in Dresden.

1870 Arbeit an den Entwürfen zum *Großen Sünder* und an den *Dämonen*. Die Novelle *Der ewige Gatte* erscheint.

1871 Rückkehr der Familie nach St. Petersburg. Teile der *Dämonen* erscheinen als Vorabdruck im *Russischen Boten*. Geburt des Sohnes Fjodor.

1872 Arbeit an den *Dämonen* in Staraja Russa südlich von St. Petersburg, wo Dostojewski ein Haus gemietet hat. Bekanntschaft mit Nikolai Leskow. Freundschaft mit dem jungen Philosophen Wladimir Solowjow.

1873 Buchpublikation der *Dämonen*. Tätigkeit als Redakteur des konservativen *Staatsbürgers*, in dem erste Texte des *Tagebuches eines Schriftstellers* erscheinen.

1874 Dostojewski stellt die Redakteurstätigkeit ein, um sich seiner literarischen Arbeit zu widmen. Reise nach Bad Ems zur Behandlung eines Emphysems (Juni); Besuch des Grabs seiner Tochter Sonja in Genf (August).

1875 Arbeit in Staraja Russa. Kuraufenthalt in Bad Ems (Mai–Juli). Geburt des zweiten Sohnes Aljoscha. Der Roman *Der Jüngling* erscheint.

1876 Kur in Bad Ems (Juli). Das *Tagebuch eines Schriftstellers* erscheint im Selbstverlag, darin ein Nekrolog auf George Sand und die Erzählung *Die Sanfte*, u.a. eine Reaktion auf den Selbstmord von Alexander Herzens Tochter Lisa.

1877 Zunehmendes politisches und soziales Engagement im *Tagebuch eines Schriftstellers*, darin die Novelle *Traum eines lächerlichen Menschen*.

1878 Korrespondierendes Mitglied der Kaiserlichen Akademie der Wissenschaften; Tod des Sohnes Aljoscha (16. Mai); Dostojewski reist mit Wladimir Solowjow in das Kloster

Optina Pustyn und erläutert ihm den Entwurf der *Brüder Karamasow*.

1879 Kur in Bad Ems (Juli–September). Sukzessive Drucklegung der *Brüder Karamasow* im *Russischen Boten*. Vortragstätigkeit, öffentliche Lesungen; literarische Matinee in St. Petersburg, wo Dostojewski am 30. Dezember das *Poem vom Großinquisitor* vorträgt.

1880 Am 8. Juni Rede zur Puschkin-Feier in Moskau. *Die Brüder Karamasow*.

1881 Abdruck der Puschkin-Rede im *Tagebuch eines Schriftstellers*; Mitte Januar Blutsturz infolge eines Lungenemphysems. Dostojewski stirbt am 28. Januar. Beerdigung am 31. Januar unter der Anteilnahme von Zehntausenden. Anschließende Beisetzung auf dem Tichwiner Friedhof des Alexander-Newski-Klosters in St. Petersburg.

Literaturempfehlungen

Ausgaben

Fjodor M. Dostojewski: *Werke* (10 Bd.), Piper Verlag (Neuaufl.), München – Zürich 1999.

Fjodor Dostojewski: *Sämtliche Romane und Erzählungen* (11 Bd.), Aufbau-Verlag, Berlin 1994.

Briefe

F. M. Dostojewski: *Gesammelte Briefe*, München: Piper 1966.

Fjodor M. Dostojewski: *Briefe*, 2 Bd., Leipzig: Insel 1984.

Leben und Werk

Hielscher, Karla: *Dostojewski in Deutschland*, Frankfurt a. M. – Leipzig 1999.

Kjetsaa, Geir: *Dostoevskij. Sträfling – Spieler – Dichterfürst*, Gernsbach 1986.

Lavrin, Janko: *Fjodor M. Dostojevskij* mit Selbstzeugnissen und Bilddokumenten, Reinbek 1989 (rororo).

Meier-Graefe, Julius: *Dostojewski. Der Dichter*, Frankfurt a. M. 1988.

Müller, Ludolf: *Dostojewskij. Sein Leben, sein Werk, sein Vermächtnis*, München 1982.

Aspekte des Werkes

Bachtin, Michail: *Probleme der Poetik Dostoevskijs*, Frankfurt a. M. 1985.

Doerne, Martin: *Gott und Mensch in Dostojewskijs Werk*, Göttingen 1957.

Neuhäuser, Rudolf: *Das Frühwerk Dostoevskijs*. Literarische Tradition und gesellschaftlicher Anspruch, Heidelberg 1979.

Onasch, Konrad: *Der verschwiegene Christus*. Versuch über eine Poetisierung des Christentums in der Dichtung F. M. Dostojewskis, Berlin 1976.

Otto, Anja: *Der Skandal in Dostoevskijs Poetik*, Frankfurt a. M. 2000.

Paperno, Irina: *Suicide as a Cultural Institution,* in: Dostoevsky's Russia, Ithaca and London 1997.

Schmid, Wolf: *Der Textaufbau in den Erzählungen Dostoevskijs*, München 1973.

Sloterdijk, Peter: *Der Großinquisitor oder: Der christliche Staatsmann als Jesusjäger und die Geburt der Institutionenlehre aus dem Geist des Zynismus*, in: Kritik der zynischen Vernunft, Bd. 1, Frankfurt a.M. 1983, S. 344–369.